Nossrat Peseschkian, der Begründer der *Positiven Psychotherapie* (sein gleichnamiges Buch erschien 1977 im S. Fischer Verlag) beschäftigt sich in seinem neuen Buch mit den ‚kleinen Verletzungen der Seele', die zunächst kaum wahrgenommen werden, sich jedoch zu großen Konflikten ausweiten können. Anhand zahlreicher Fallbeispiele zeigt der Autor Lösungsmöglichkeiten an.

So überleben beispielsweise Mammutbäume, diese Riesen des Waldes, Generationen von Menschen. Selbst schlimmste Naturkatastrophen – wie Waldbrände oder Erdbeben – können ihnen kaum etwas anhaben. Es scheint, als könne nichts diese gigantischen Bäume zu Fall bringen. Doch gegen Termiten sind Mammutbäume machtlos: den Insekten gelingt es.

„Gern gebe ich Nossrat Peseschkian dieses Geleitwort mit auf den Weg. Es soll Menschen für die Achtsamkeit auf die eigene Seele sensibilisieren und sie dafür begeistern, dass wir alle die Ressourcen für einen heilsamen Umgang mit uns selbst in uns tragen." *Bernhard Meuser im Vorwort*

Nossrat Peseschkian, Dr. med., Prof. h.c., wurde 1933 in Persien geboren und lebt seit 1954 in Deutschland. Nach dem Studium in Freiburg/Br., Mainz und Frankfurt am Main erhielt er seine psychotherapeutische Ausbildung in Deutschland, der Schweiz und den USA. Seit 1969 hat er als Facharzt für Neurologie und Psychiatrie/Psychotherapie eine Praxis in Wiesbaden mit den Schwerpunkten psychosomatische Medizin und Psychotherapie. Er ist Dozent an der Akademie für ärztliche Fort- und Weiterbildung der Landesärztekammer Hessen sowie Leiter der Wiesbadener Akademie für Psychotherapie. – 1997 erhielt er den Richard-Merten-Preis.
Weitere Bücher von Nossrat Peseschkian im Fischer Taschenbuch Verlag: *Psychotherapie des Alltagslebens. Konfliktlösung und Selbsthilfe* (Bd. 1855); *Der Kaufmann und der Papagei* (Bd. 3300); *Positive Familientherapie* (Bd. 6761); *Auf der Suche nach Sinn* (Bd. 6770); *Positive Psychotherapie* (Bd. 6783); 33 *und eine Form der Partnerschaft* (Bd. 6792); *Psychosomatik und Positive Psychotherapie* (Bd. 11713); (mit Udo Boessmann) *Angst und Depression im Alltag. Eine Anleitung zu Selbsthilfe und positiver Psychotherapie* (Bd. 13302); *Das Geheimnis des Samenkorns. Positive Stressbewältigung* (Bd. 14569); *Der nackte Kaiser Oder wie man die Seele der Kinder und Jugendlichen versteht und heilt* (Bd. 15477) sowie *Die Treppe zum Glück. 50 Antworten auf die großen Fragen des Lebens* (Bd. 17112; zus. mit Raymond Battegay). Siehe auch: *Nossrat Peseschkian. Morgenland-Abendland. Positive Psychotherapie im Dialog der Kulturen* (Thomas Kornbichler und Manije Peseschkian; Bd. 15861).

Unsere Adresse im Internet: www.fischerverlage.de

Nossrat Peseschkian

Steter Tropfen höhlt den Stein

Mikrotraumen – Das Drama der kleinen Verletzungen

Fischer Taschenbuch Verlag

Geist und Psyche
Begründet von Nina Kindler 1964

2. Auflage: Oktober 2007

Veröffentlicht im Fischer Taschenbuch Verlag,
einem Unternehmen der S. Fischer Verlag GmbH,
Frankfurt am Main, Januar 2005

Lizenzausgabe mit freundlicher Genehmigung
des Pattloch Verlag GmbH, München

Druck und Bindung: C. H. Beck, Nördlingen
Printed in Germany
ISBN 978-3-596-16310-6

Inhalt

Vorwort

Ein beliebtes Gesellschaftsspiel unter Hypochondern ist die Entdeckung von Krankheiten, von denen man noch gar nicht wusste, dass man sie hat. Dieses Buch, in dem die Rede ist von *Mikrotraumen*, dient nicht dazu, eingebildete Kranke mit neuem, spekulativem Stoff zu versorgen. Es ist zwar in der Tat so, dass wir sie alle haben und dass wir alle darunter leiden. Aber Mikrotraumen sind keine Killerviren und keine obskur angreifenden Bakterien. Mikrotraumen sind bestimmte Erfahrungen, die uns seelisch zutiefst berühren, uns nieder ziehen, uns unglücklich machen, uns blockieren. Die klassische Psychotherapie sucht nach den großen Traumen oder auch Traumata, die einen Menschen in die Depression treiben, die ihn kommunikations- und lebensunfähig machen.
Nossrat Peseschkian sagt: Es sind nicht immer die großen seelischen Verletzungen, an denen beispielsweise eine Ehe zerbricht. Es sind dumme Angewohnheiten, kleine Nadelstiche, eine Kette von Banalitäten – die liegen gebliebenen Socken, die unverschraubt bleibende Zahnpastatube, die geknickten Seiten im Lieblingsbuch des Partners –, die mürbe machen, psychisch unterminieren: *Steter Tropfen höhlt den Stein.* Mikrotraumen bleiben lange unter der Decke; doch plötzlich setzen sie eine zerstörerische Kraft frei, die nichts mehr mit der Harmlosigkeit ihrer Auslöser zu tun hat.
Mikrotraumen sind seelischer Alltag. Doch kein Bereich im Menschen ist sensibler als die Seele. Es gibt sie nur einmal. Herz, Niere oder Leber kann man transplantieren, und es ist noch nicht abzusehen, vor welche Überraschungen uns die Genmedizin der Zukunft noch stellen wird. Niemals jedoch wird man die menschliche Seele wie ein unbrauchbar gewordenes Teil aus dem Menschen herauslösen und durch eine Ersatzseele austauschen können. Noch vor der Geburt und ein ganzes langes Leben hindurch besitzt der Mensch dieses durch die Wissenschaft so schwer zu beschreibende Zentrum seiner Empfindungen und Erfahrungen, diesen geheimen Speicher von abermillionen Eindrücken, diese Quelle aller Antriebe und Motivationen, diesen Brunnen unseres Charakters, unserer Persönlichkeit und unserer Handlungsweise. Wenn die Seele Schaden nimmt, geht es nicht um die Peripherie; dann ist der Mensch im Kern sei-

nes Wesens betroffen. Darum sind die von Nossrat Peseschkian beschriebenen Mikrotraumen ein so zentrales Thema.

Nossrat Peseschkian und seine mittlerweile weltweit anerkannte und gewürdigte *„Positive Psychotherapie"* wird von vielen Menschen, denen es um ihre Seele geht, gesucht und als befreiend und hilfreich empfunden. Der seit 1954 in Deutschland lebende Perser hat eine erfrischend andere Methodik und einen unverwechselbar neuen Stil in den heilenden Umgang mit der Psyche gebracht. Nossrat Peseschkian erlöst uns Westeuropäer zunächst von der Fiktion, die Psychologie sei eine Erfindung einiger skeptischer Wiener am Ausgang des 19. Jahrhunderts. So sehr Nossrat Peseschkian einem Methodenpluralismus verpflichtet ist und immer wieder auf die Verdienste der klassischen Psychoanalyse und anderer bewährter Ansätze hinweist, so sehr kommt er doch aus der reichen narrativen Tradition des Orients.

Nossrat Peseschkian kommt das Verdienst zu, Legenden, Märchen und Weisheitsgeschichten (nicht nur des Orients) wieder in den Rang therapeutischer Clearinginstanzen erhoben zu haben – einen Rang, den sie in der „Volkspsychotherapie" aller Völker und Kulturen immer schon besaßen. Wenn Bewusstmachung einer seelischen Situation oder Konstellation das erste Ziel therapeutischer Bemühung ist, dann sind die Fabeln, Sprüche und kleinen Weisheiten, die Nossrat Peseschkian immer wieder in das Gespräch mit dem Klienten einfließen lässt, ein wunderbarer Spiegel, in dem (Wieder-)Erkenntnis stattfindet – oft in geradezu blitzartiger Direktheit, ohne ein langes und kompliziertes Explorationsverfahren.

Und da die Geschichten und Weisheiten, mit denen Nossrat Peseschkian arbeitet, selten des Humors entbehren, dürfte seine „Positive Psychotherapie" eine der wenigen Methoden in der Welt sein, bei der gut und herzlich und befreiend gelacht wird. Kein Effekt erscheint wünschenswerter als dieser. Lachen ist Erkenntnis – im Idealfall: momenthaft aufleuchtende Selbsterkenntnis. Das Lachen verbindet den Klienten mit dem Therapeuten im Konsens heiteren Einverständnisses. „Genauso ist es!" Eigentlich müsste der Bierernst, mit dem da und dort depressiven Menschen wieder zu sich geholfen werden soll, endlich als psychotherapeutische Kontraindikation erkannt werden.

Der Name „Positive Psychotherapie" verleitet den oberflächlichen Beobachter zu dem Vorurteil, diese Methode sei sozusagen der pseudowissenschaftliche Seitentrieb des einträglichen Schabernacks mit Namen „Positives Denken" (Werde reich und glücklich durch die Kraft der Gedanken). Das ist falsch. Ebenso falsch ist die Annahme, die „Positive Psychotherapie" wolle sich durch das Attribut „positiv" von der bisherigen, nämlich negativen Psychotherapie abgrenzen.

Das Wort „positiv" wird hier in seinem Ursprung gebraucht; „positum" meint: das Gegebene. Diese Methode geht ohne lange Umwege auf die vorhandenen (= gegebenen) Ressourcen im Menschen zu. Während andere Methoden wie bei einer Zwiebel, Schicht um Schicht, Haut um Haut abtragen, um tiefer und tiefer an die Ursachenkonstellation einer psychischen Störung heranzukommen, lässt Nossrat Peseschkian die Zwiebel ganz, zumal nicht einmal ausgemacht ist, dass es beim Menschen wie bei einer Zwiebel sein könnte, dass sie nämlich *nur* aus Haut besteht. Es ist immer wieder verblüffend zu sehen, wie es Nossrat Peseschkian gelingt, dort, wo er eine Störung, ein Defizit entdeckt, er sofort eine positive Deutung des Geschehens für den Betroffenen findet. Das erinnert an Leibniz und lässt fragen, ob es in der menschlichen Psyche vielleicht doch so etwas wie eine prästabilisierte Harmonie gibt, nach der das Rettende immer schon in der Nähe der Bedrohung wohnt.

Gerne gebe ich Nossrat Peseschkians Buch „Steter Tropfen höhlt den Stein" dieses Geleitwort mit auf den Weg. Es soll Menschen für die Achtsamkeit auf ihre eigene Seele sensibilisieren und sie dafür begeistern, dass wir alle die Ressourcen für einen heilsamen Umgang mit uns selbst in uns tragen.

Bernhard Meuser

Achte auf deine Gedanken,
denn sie werden Worte.
Achte auf deine Worte,
denn sie werden Handlungen.
Achte auf deine Handlungen,
denn sie werden Gewohnheiten.
Achte auf deine Gewohnheiten,
denn sie werden dein Charakter,
Achte auf deinen Charakter,
denn er wird dein Schicksal.

Positive Psychotherapie

Kapitel 1

Steter Tropfen höhlt den Stein

Die Mammutbäume, diese Riesen des Waldes, überleben Generationen von Menschen. Kein Sturm, kein Hagel, kein Blitzschlag kann ihnen etwas anhaben. Ja, selbst Feuer und Erdbeben haben sie überstanden. Sie stehen Jahr um Jahr, Jahrzehnt um Jahrzehnt, ganze Jahrhunderte und trotzen den Unbilden der Natur in ihrer mächtigen Gestalt. Es scheint, als könne nichts diese Giganten zu Fall bringen.
Doch es gibt kleine, winzige Insekten, die Termiten, die kommen und beginnen, den Baum mit winzigen Bissen nach und nach zu zerfressen. Und schließlich schaffen diese vielen kleinen Winzlinge das, was keine Naturkatastrophe vermag: Sie bringen den Riesen zu Fall.

Mikrotraumen oder die so genannten Kleinigkeiten

Psychische Störungen, so ist die herkömmliche Ansicht, rühren von schrecklichen und erschütternden Erlebnissen. Doch was, wenn sich in der Biografie des Betreffenden keine solchen Ereignisse finden lassen? Oft werden solche Menschen dann zu Hypochondern, Simulanten, Psychopathen oder gar Geisteskranken abgestempelt – und das nicht nur von ihrer Umwelt, sondern sogar von den sie behandelnden Ärzten oder Therapeuten.

Kleine Taten verändern die Welt.
Lebensweisheit

Um solchen Patienten gerecht zu werden, wählt die Positive Psychotherapie einen Ansatz, der sich mit einem Beispiel aus der Neurologie veranschaulichen lässt. So sind im Boxsport eine Anzahl von Kopftreffern oft weit riskanter als ein einziger, wenn auch wirksamer K.-o.-Schlag. Denn diese Kopftreffer verursachen so genannte Mikrotraumen, die zu bleibenden Schäden führen können. Ein Mikrotrauma ist im psychologischen Sinn eine einseitige, sich ständig wiederholende Lernerfahrung.

Bildlich gesprochen, erhalten wir in unserem Leben „Kopftreffer" am laufenden Band, sei es in der Erziehung, in der Partnerschaft oder im Beruf. Diese Mikrotraumen (oder positiv ausgedrückt: Mikroerfahrungen) sind für die psychische Entwicklung eines Menschen von großer Bedeutung: Sie formen schlicht und einfach seine Gewohnheiten.

Ein Augenblick Geduld kann viel Unheil verhüten.
Aus China

Wenn Eltern beispielsweise ihre Kinder immer wieder zu Pünktlichkeit, Gehorsam oder Fleiß auffordern oder deren geistige oder körperliche Leistungen allzu einseitig betonen, dann handelt es sich dabei um derartige Mikrotraumen. Dies ist keine Aussage gegen notwendige Maßnahmen in der Erziehung an sich. Doch oft gehen sie mit verletzenden Elementen einher, etwa, wenn Eltern mit Drohungen, Bestrafungen oder gar Liebesentzug das Selbstwertgefühl ihrer Kinder mindern oder ihnen Angst machen.

„Habe ich mich schmutzig gemacht oder sah es in meinem Kinderzimmer unordentlich aus, sagte meine Mutter: ‚Ich habe dich nicht mehr lieb, wenn du so schlampig bist!' Das machte mir wahnsinnige Angst. Die Folge ist, dass ich heute als pingelig, ja geradezu pedantisch gelte und dadurch andauernd Krach mit meinem Mann und meiner Tochter habe" (41-jährige Frau, Magengeschwür und Zwangsstörungen).

Kränkung macht krank, und Krankheit kränkt.

Positive Psychotherapie

Derartige Mikrotraumen verursachen „empfindliche" oder „schwache" Stellen, die ein dauernder Herd für Auseinandersetzungen sein können. Sobald ein Partner diese Schwachstellen erkennt, egal, ob bewusst oder unbewusst, besteht die Gefahr, dass er sie zur Zielscheibe seiner Aggressionen macht. Jeder Konflikt, egal wie bedeutend oder nichtig der Anlass dafür ist, bedroht daher genau denjenigen Bereich einer Persönlichkeit, der durch die beschriebenen Mikrotraumen dafür besonders anfällig ist.

Der Krug geht so lange zum Brunnen, bis er bricht.

Lebensweisheit

Selbst nichtige Anlässe schaukeln sich auf diese Weise unter gewissen Bedingungen so lange hoch, bis es „zum großen Knall" kommt. Um ein Bild aus der Biologie zu wählen: Eine scheinbare Lappalie ist wie eine Zelle, die sich durch bestimmtes Verhalten so lange teilt, bis sie schließlich nicht mehr kontrolliert werden kann. Das ist der Augenblick, in dem der bis dahin unterschwellige Konflikt ausbricht. Konflikte, psychosoziale und psychosomatische Störungen kommen nicht aus dem Nichts. Sie haben alle ihre Herkunft – und irgendwann läuft das Fass dann eben über. Und so drücken wir es in Worten aus:

„Was soll man machen? Damit muss ich mich halt abfinden." „Das ist doch immer dasselbe mit ihr." „Lange halte ich das nicht mehr

aus." „Ich habe es dir schon hundertmal gesagt." „Das regt mich schon die ganze Zeit auf." „Was soll sich da noch ändern?" „Das geht doch schon ewig so." „Immer wird alles auf meinem Rücken ausgetragen." „Wenn ich doch nur „Nein" sagen könnte!" „Darunter leide ich schon die ganze Zeit wie ein Hund." „Das hat doch längst keinen Zweck mehr."

Der größte Fehler ist, sich keines Fehlers bewusst zu sein.
Lebensweisheit

Sätze wie diese zeigen, dass der Betreffende ständig in sensiblen Bereichen von anderen – Partnern, Kollegen, Eltern – im Sinne von Mikrotraumen gereizt wird. Es handelt sich hier um die besagten „Kopftreffer", die möglicherweise für das Gegenüber eine Lappalie sein mögen – für den Betroffenen ist es jedoch alles andere als das!

„Will ich mit meinem Mann über meine Sorgen reden, schaut er kaum von der Zeitung auf und brummelt höchstens, ich solle mich nicht so anstellen. Dabei handelt es sich für mich um sehr ernsthafte Probleme. Ich ertrage diese Gleichgültigkeit kaum noch" (35-jährige Verwaltungsangestellte; Migräne, Depressionen).

Verwandle große Schwierigkeiten in kleine – und kleine in gar keine!
Aus China

In dem Begriff „Mikrotrauma" steckt ja auch das Wort „mikro", das im Griechischen „klein" bedeutet. Daraus kann man auch ableiten, dass es sich um scheinbare Lappalien handelt, von denen Nichtbetroffene sich oft nicht erklären können, dass sie für ihre Partner so bedeutend sein können. Wenn da vermeintlich aus einer Mücke ein Elefant gemacht wird, wird man auch geneigt sein, „Mikrotraumen" nicht als hinreichende Konfliktursachen anzuerkennen. Stattdessen werden andere, irgendwie tiefer reichende Erklärungen bemüht, werden schwierige Konstruktionen errichtet, um dem Problem auf den Grund zu kommen. Oft genug jedoch werden dabei die Möglichkeiten der vermeintlichen Oberfläche nur unzulänglich ausgeschöpft. Und irgendwann schlägt die Situation um: Aus den „Kleinigkeiten" werden „gewichtige“ psychosoziale und psychosomatische Konflikte.

Neben den Mikrotraumen, den fortwährenden „Kopftreffern“ also, gibt es natürlich auch die großen klassischen K.-o-Schläge unseres Lebens, die so genannten „Makrotraumen“. Doch auch diese besonders verletzenden Ereignisse, so unverhofft sie auch kommen mögen, stehen häufig im Zusammenhang mit Einstellungen und Erwartungen, die durch „Mikrotraumen“ geprägt sind. Erhält jemand beispielsweise die Nachricht vom plötzlichen Tod eines ihm nahe stehenden Menschen, so ist dies zunächst ein Makrotrauma. Wie er diese Nachricht verarbeitet, hängt wiederum mit den Erfahrungen ab, die er mit dem Verstorbenen gemacht hat, aber auch mit der generellen Einstellung zum Tod, die durch Erziehung und bestimmte Ereignisse erworben wurde.

Mache dich nicht kleiner als du bist. Dafür sorgt schon das Leben.
Aus Brasilien

Zusammenfassend sei gesagt: Mikrotraumen wirken potenzierend. Die Menge der verletzenden Ereignisse – die so genannte *Quantität* – schlägt um in deren psychosoziale und psychosomatische Verarbeitung – die so genannte *Qualität*. Unsere Persönlichkeit wird von Mikrotraumen geprägt. Sie zu erkennen, zu vermeiden und entsprechend mit ihnen umzugehen, sind wesentliche Voraussetzungen präventiver Psychotherapie.

Kapitel 2

Das verlorene Pferd in den chinesischen Bergen

Ein alter Mann mit Namen Chunglang, das heißt „Meister Felsen", besaß ein kleines Gut in den Bergen. Eines Tages begab es sich, dass er eins von seinen Pferden verlor. Da kamen die Nachbarn, um ihm zu diesem Unglück ihr Beileid zu bezeugen. Der Alte fragte: „Woher wollt ihr wissen, dass das ein Unglück ist?" Und siehe da: Einige Tage darauf kam das Pferd wieder und brachte ein ganzes Rudel Wildpferde mit. Wiederum erschienen die Nachbarn und wollten ihm zu diesem Glücksfall gratulieren. Der Alte vom Berge aber versetzte: „Woher wollt ihr wissen, dass es ein Glücksfall ist?" Seit nun so viele Pferde zur Verfügung standen, begann der Sohn des Alten eine Neigung zum Reiten zu fassen, und eines Tages brach er sich das Bein. Da kamen sie wieder, die Nachbarn, um ihr Beileid zum Ausdruck zu bringen. Und abermals sprach der Alte zu ihnen. „Woher wollt ihr wissen, dass dies ein Unglücksfall ist?" Einige Zeit darauf erschien die Kommission der „Langen Latten" in den Bergen, um kräftige Männer für den Stiefeldienst des Kaisers und als Sänftenträger zu holen. Den Sohn des Alten, der noch immer seinen Beinschaden hatte, nahmen sie nicht mit. Chunglang musste lächeln.

Die neun Thesen der Positiven Psychotherapie

Zum besseren Verständnis der Mikrotraumen wird im Folgenden die Positive Psychotherapie thesenartig vorgestellt.

These 1: Die Positive Psychotherapie geht vom „Positiven" aus.

Das Wort „Positiv" bedeutet entsprechend seiner ursprünglichen Bedeutung (lateinisch: positum) das Tatsächliche, das Vorgegebene. Tatsächlich und vorgegeben sind nicht nur die Konflikte und Störungen, sondern auch die Fähigkeiten, Chancen und Möglichkeiten, die jeder Mensch mitbringt. Eine Anekdote mag das verdeutlichen: *Ein Schwimmtrainer fasste am Ende der Saison das Ergebnis der Arbeit seiner Mannschaft so zusammen: „Unsere Mannschaft hat zwar nicht gewonnen, aber es ist auch keiner ertrunken!"*

Praktisch fragen wir nach der Bedeutung, die ein Symptom oder Konflikt für einen Menschen und eine Gruppe hat und erfassen dabei auch deren positive Bedeutungen mit: Welche positiven Aspekte haben Faulenzerei und Trotzhaltung in der Erziehung? Welche Bedeutung haben Mikrotraumen in der Partnerschaft unter dem Aspekt: „Reibung erzeugt Wärme!"? Ist im Beruf Pünktlichkeit oder Ordnung wichtiger? Welchen Sinn haben „Stressoren" – also Umstände, die uns Stress machen? Was hat das Gewissen in Religion und Ethik mit psychosozialen Normen wie Ehrlichkeit, Höflichkeit, Gerechtigkeit, Vertrauen, Treue und Hoffnung zu tun? Was haben Ehrlichkeit, Gerechtigkeit und Kontaktfähigkeit mit Politik zu tun? Warum bewundern wir manche Völker und verachten andere?

Besser weniges richtig begreifen, als vieles gar nicht begreifen.
Anatol France

Wann werden Normen wie Sauberkeit, Ordnung, Pünktlichkeit zu Kriterien der Selbst- und Fremdwahrnehmung?

These 2: Die Theorie von den Mikrotraumen berücksichtigt Inhalt und Dynamik von Konflikten.

Der Weise lernt von den Erfahrungen anderer, der Tor muss alle Erfahrungen selbst machen.
Salomo

Die Positive Psychotherapie beschreibt verschiedene Konfliktinhalte und geht dabei von der Frage aus: „Was haben alle Menschen gemeinsam (das Bewusstsein der Gemeinsamkeit und Einheit) und wodurch unterscheiden sie sich (das Bewusstsein der Individualität und Einzigartigkeit)?" Häufig sind es keineswegs große Ereignisse (Makrotraumen), die zu Störungen führen, sondern die immer wiederkehrenden kleinen seelischen Verletzungen (Mikrotraumen), die schließlich ein Charakterbild formen, das für einzelne Konflikte besonders anfällig ist („Steter Tropfen höhlt den Stein!").

These 3: Transkulturelles Denken ist Grundlage der Positiven Psychotherapie.

Die Positive Psychotherapie bezieht die Vielfalt der individuell, familiär und kulturell bedingten Eigenarten der Menschen ein und fördert eine Einheit in der Mannigfaltigkeit.

These 4: Konzepte, Mythologien und orientalische Geschichten werden gezielt in die Alltagssituation einbezogen.

Geschichten unterstützen den Abbau innerer Widerstände und erleichtern die Durchführung der Selbsthilfe nach dem orientalischen Spruch: „Wenn du eine hilfreiche Hand brauchst, so suche sie am Ende deines eigenen Armes."

These 5: Jeder Mensch ist einzigartig.
Die Therapie und Selbsthilfe wird den Bedürfnissen des Patienten angepasst.

These 6: Die Positive Psychotherapie hat Familienmitglieder und andere gesellschaftlichen Faktoren im Blick.
Die Familienmitglieder als Individuen und die gesellschaftlichen Faktoren als Rahmenbedingungen werden in den therapeutischen Prozess einbezogen.

These 7: Die Begriffe der Positiven Psychotherapie kann jeder verstehen.
Sprachbarrieren sind ausgeräumt. Es besteht daher eine Chancengleichheit in der Psychotherapie.

These 8: Die Positive Psychotherapie bietet ein Grundkonzept für den Umgang mit allen Krankheiten und Störungen.
Die Positive Psychotherapie beinhaltet drei Schwerpunkte: Prophylaxe (Vorsorge), eigentliche Therapie und Nachsorge und ist somit universal anwendbar.

These 9: Die Positive Psychotherapie bietet ein Konzept für die Zusammenarbeit verschiedener Fachrichtungen an.
Das inhaltliche Vorgehen in der Positiven Psychotherapie ermöglicht, dass sich verschiedene Methoden und Fachrichtungen sinnvoll ergänzen können. Man spricht hier von einem metatheoretischen bzw. metakritischen Aspekt.

Kein Haus wurde jemals ohne Plan errichtet.
Aus Kanada

Wer die Menschen kennen lernen will, der studiere ihre Entschuldigungsgründe.
Friedrich Hebbel

Kapitel 3

Wie man Geschichten erzählen soll

So, dass sie einem selbst helfen! Mein Großvater war lahm. Einmal bat man ihn, eine Geschichte von seinem Lehrer zu erzählen. Da erzählte er, wie der große Baalschem beim Beten zu hüpfen und zu tanzen pflegte. Mein Großvater stand und erzählte, und die Erzählung riss ihn so hin, dass er hüpfend und tanzend zeigen musste, wie der Meister es gemacht hatte. Von der Stunde an war er geheilt. So soll man Geschichten erzählen!

Chassidische Legende

Die heilende Kraft der Sprüche und Geschichten

Einen Weg, der Fantasie und Intuition in der Selbsterfahrung und Lösung von Konflikten mehr Raum zu geben, sehe ich in der Auseinandersetzung mit Geschichten, Mythologien, Parabeln und Konzepten. Dabei geht es mir nicht darum, nur allgemein etwas über die Aktualität der Geschichten herauszufinden, sondern vor allem interessiert mich, in welchen Konfliktsituationen und bei welchen Erkrankungen sie zur Lösung von Problemen beitragen können.

Mit Weisheiten und Geschichten heilen

Die „Volkspsychotherapie“ enthält eine unermessliche Anzahl verschiedener „Psychotherapiesysteme“. Dazu gehören Geschichten, Fabeln, Spruchweisheiten, intuitive Gedanken, literarisch oder künstlerisch verarbeitete Modelle des Konfliktlösungsverhaltens. Sprüche und Weisheiten fungieren als Lebenshilfe, auch als Motto, das mancher Konfliktverarbeitung voransteht. Die in einer Gesellschaft als richtig anerkannten Normen und Werte werden gleichfalls in Spruchweisheiten gekleidet; sie erscheinen in Fabeln oder werden mithilfe abschreckender Beispiele umso dringlicher nahe gelegt oder in ein weniger strenges Licht gerückt.

Man merkt leider immer zu spät, dass die Menschen nicht belehrt, sondern unterhalten sein wollen.

Emil Gött

Diese Ausdrucksformen der „Volkspsychotherapie“ greifen auf eine Tradition zurück, in der die Psychotherapie noch nicht Institution, sondern allgemeine Lebenshilfe war. Sie beziehen sich meist auf einen als gültig anerkannten Wertmaßstab und sollen die Abweichungen eines Menschen von diesem Leitbild korrigieren oder ihn mit diesem wieder versöhnen. Dieser Psychologie liegt meist eine als gottgegeben gedachte Weltordnung zu

Grunde, die jedem Menschen seine Position in der Welt zuweist und zugleich das Glück beschert, in seinem Stand Zufriedenheit und Dankbarkeit zu erfahren. Aber auch defätistische Lebensweisheiten sollen helfen: „Trink nur, denn nur im Suff ist das Leben zu ertragen!" Dieser Spruch, von dem sehr viele gehemmte Menschen Gebrauch machen, dient allem Anschein nach auch als Leitfaden für den zunehmenden Gebrauch von Psychopharmaka.

Trost durch Geschichten

Die Lebensweisheiten, die sich auch in unseren Tagen großer Beliebtheit erfreuen, gehen auf die Tradition und damit auf die guten und schlechten Erfahrungen anderer Menschen zurück. Sie haben durchwegs eine pädagogische, wenn nicht therapeutische Tendenz, wie die folgende Überlieferung des persischen Dichters *Saadi* (1200 n. Chr.) erkennen lässt:

Es ist leicht, das Leben schwer zu nehmen. Es ist schwer, das Leben leicht zu nehmen.
Positive Psychotherapie

Saadi erzählt von der Zeit, als er so arm war, dass er sich von seinem Geld nicht einmal Schuhe hatte kaufen können. So ging er barfuß in die Moschee, bedrückt über seine Armut und das Elend seiner Geldbörse. Da sah er einen Mann, der sich nur auf Beinstümpfen vorwärts bewegte. Dankbar nahm er dieses Erlebnis als Lehre und bemühte sich von dieser Zeit an um Geduld. Er schrieb: „Gebratene Hähnchen scheinen dem Satten weniger wert als ein Stängel Petersilie. Demjenigen, der kein Geld und keine Kraft hat, schmecken weiße Rüben wie gebratene Hähnchen."

Der psychologische Sinn dieser Erzählung war es, individuelles Leid durch die Erkenntnis seiner Relativität zu mildern. Erzählungen dieser Art werden im Orient gern verwendet, wenn jemand sich selbst oder andere zu trösten sucht. Ähnliche Funktion erfüllen Geschichten, Märchen, Fabeln, bildhafte Vergleiche, Parabeln, Aphorismen, Lebensphilosophien, Romane und Mythologien.

Unentdecktes Potenzial

Die therapeutischen Elemente innerhalb der zwischenmenschlichen Beziehungen äußern sich nicht nur in den formulierten Lebensweisheiten, sondern häufig auch ohne große Worte im besonderen Ausdrucksverhalten. Man hört einem anderen zu, der Kummer hat, gibt ihm Rat, wie man es versteht, legt dem Niedergeschlagenen den Arm um die Schulter, versucht ihn aufzumuntern. Zusätzlich werden Redewendungen, deren therapeutisches Konzept zumeist nicht bewusst ist, eingesetzt; wie zum Beispiel: „Nimm's leicht. Sorge dich nicht, lebe. Kopf hoch. Lass dich nicht unterkriegen. Was soll's. Lachen ist besser als Weinen. Viel Glück. Ich halte dir die Daumen."

Zünde lieber ein Streichholz an, als über die Dunkelheit zu schimpfen.
Aus England

So richtig diese Ratschläge im Einzelfall sein mögen, sie sind vertan, wenn sie dem Falschen gegeben werden. Mit der wachsenden Bedeutung der Fachpsychotherapie gewinnt aber auch die laienhaft ausgeübte Volkspsychotherapie an Bedeutung. Hier liegt ein noch ungenütztes Potenzial in dieser, aber auch in anderen Formen der „Volkspsychotherapie", das im Sinne von Psychohygiene und vorbeugender Psychotherapie gezielt eingesetzt werden könnte.

Mit Geschichten und Parabeln helfen

Wenn Menschen mit Geschichten konfrontiert werden, kommen die unterschiedlichsten Prozesse in Gang: sei es in zwischenmenschlichen Beziehungen, im konkreten Erleben und/oder in der seelischen Verarbeitung. Wie das ablaufen kann, wird im Folgenden beschrieben.

Im Sonnenschein verlieren Schatten ihre Schwärze.
Lebensweisheit

Geschichten sind wie Spiegel. Der Zuhörer erkennt sich in der Geschichte wieder und kann sich auf Grund der Bildersprache oft mit einem oder mehreren Helden identifizieren. Oft kann er seine Bedürfnisse auf die Geschichten übertragen, Distanz zu seinen Problemen gewinnen und in seinen Assoziationen seine eigenen Konflikte und Wünsche besser herausarbeiten.

Geschichten bieten Lösungen an. Geschichten sind ein Modell. Sie geben Konfliktsituationen wieder und legen eine ganze Palette von Interpretationen und Lösungsmöglichkeiten nahe. Darüber hinaus zeigen sie die Konsequenzen einzelner Lösungsversuche auf. So wird der Zuhörer zur Nachahmung eingeladen und dazu ermutigt, den Versuch zu unternehmen, selbst etwas auszuprobieren.

Geschichten schützen. In der Positiven Psychotherapie wird die Beziehung zwischen Therapeut und Patient dadurch aufgelockert, dass zwischen beiden die Geschichte als Filter und Schutz tritt. Weil nicht über den Patienten gesprochen wird, sondern über den Helden der Geschichte, fühlt sich der Patient weder angegriffen noch muss er Widerstände aufbauen. So kommt ein Dreierprozess zwischen Patient, Geschichte und Therapeut in Gang.

Wer ein schlechtes Gedächtnis hat, wird auch seine Fehler wiederholen.
Aus China

Geschichten bleiben in Erinnerung. Durch ihre Bildhaftigkeit kann der Patient Geschichten und Parabeln gut behalten und auch im Alltag leichter abrufen. Die Geschichte hat somit eine Depotwirkung, das heißt, sie wirkt nach und macht den Patienten unabhängiger vom Therapeuten.

Geschichten pflanzen Kultur fort. Wer sich den Inhalten der Geschichten und darin enthaltenen Konzepten zuwendet, kann Verhaltensweisen und Einstellungen finden, die auf seine eigene kulturelle Herkunft, aber auch Konfliktanfälligkeit schließen lässt.

Geschichten vermitteln zwischen Kulturen. Geschichten aus anderen Kulturen informieren den Zuhörer über die dort als wichtig geltenden Spielregeln und Konzepte. Sie zeigen andere Denkmodelle und ermöglichen es, das eigene Spektrum von Konzepten, Werten und Konfliktlösungen zu erweitern.

Geschichten fördern die Fantasie. Geschichten und Parabeln öffnen – und das nicht nur bei Kindern – das Tor zur Fantasie, zum bildhaften Denken, zum Staunen und Wundern. Sie tragen unsere Kreativität und vermitteln auf diese Weise zwischen lustbetontem Wollen und der Wirklichkeit. Damit modellieren die Geschichten eine Beziehung zu den persönlichen Wünschen und künftigen Zielen. Geschichten geben Raum für Utopien, den Alternativen zur Wirklichkeit.

Geschichten bieten Alternativen an. Der Therapeut, der eine Geschichte erzählt, bietet damit dem Patienten keine Deutung im Sinne einer vorgegebenen Theorie an, sondern ein Gegenkonzept, das dieser annehmen oder ablehnen kann. Es bleibt dem Patienten überlassen, was er im Alltag ausprobieren oder ablehnen möchte.

Wer keinen Fehler machen darf, kann auch nichts richtig machen.
Lebensweisheit

Geschichten öffnen neue Perspektiven. Viele Geschichten enthalten – meist überraschende – Elemente, die den Hörer zum Lachen oder Schmunzeln verleiten. Dies entschärft die Spannung und lässt eigentlich bekannte Situationen und Verhaltensweisen in neuem Licht erscheinen. Ohne dass sich der Hörer viel Mühe machen muss, rücken neue, bisweilen überraschende Lösungsmöglichkeiten ins Blickfeld.

Zwei Beispiele aus der Praxis sollen die Bedeutung der Geschichten im psychotherapeutischen Prozess verdeutlichen.

Eisen ist nicht immer hart

Im Zusammenhang mit einem partnerschaftlichen Problem höre ich in der Praxis nahezu regelmäßig die Klage: „Wir sind ganz verschiedene Typen, wir passen nicht zusammen." Dieses Konzept hat viel mit Partnerschaftsproblemen zu tun. Ihm steht das Erweiterungskonzept gegenüber: „Das Gleiche bringt uns in Ruhe. Der Widerspruch ist es, der uns produktiv macht." (*Goethe*)

Wer alles haben will, dem entgeht alles.
Lebensweisheit

Während die Äußerung „Wir passen nicht zusammen" bereits das Scheitern der Partnerschaft andeutet, sorgt das Erweiterungskonzept für einen Aufschub: Man versucht, verhärtete

Fronten aufzulockern und über Jahre hinweg verfestigte Vorurteile und gegenseitige Einschätzungen infrage zu stellen.

Gegen diese Offenheit rebelliert die Erfahrung: „Die Probleme bestehen bereits seit Jahren, und daher ist nicht einzusehen, warum sie sich ausgerechnet jetzt auflösen sollten; mein Partner wird sich nie ändern."

Einer Patientin, die sich in diesem Sinne geäußert hatte, beschrieb ich folgendes Bild, das sie nachdenklich machte und sie dazu veranlasste, ihre Beziehung zu ihrem Partner zu überdenken.

Wo aber Gefahr ist, wächst das Rettende auch.
Friedrich Hölderlin

„Betrachten sie dieses Eisen." Ich zeigte ihr dabei eine gusseiserne Plastik, die auf meinem Schreibtisch stand. „Dieses Eisen ist grau, spröde, kalt und scharfkantig. Wenn es erhitzt wird, verliert es diese Eigenschaften. Es ist nicht mehr grau, spröde, kalt und scharfkantig, sondern weiß glühend, zähflüssig, heiß und ohne feste Form. Es hat gewissermaßen die Eigenschaften des Feuers mitübernommen."

Für die Patientin hieß dies: Die „scharfkantige" Art ihres Mannes ist nicht eine unveränderliche persönliche Eigenschaft, sondern abhängig von seiner Situation und der Patientin selbst. Er hatte auf Grund seines Berufes weniger Zeit für seine Frau, als sie es sich wünschte. Sie reagierte darauf mit Vorwürfen und offener Ablehnung. Als Folge davon suchte der Mann sich vorübergehend andere Partnerinnen, verärgerte seine Frau durch betonte Sparsamkeit und wandte sich zunehmend von ihr ab. Bildlich gesprochen: Das Eisen war kalt geworden. Um es wieder schmieden zu können, müsste es erhitzt werden – eine Aufgabe, die der Patientin innerhalb der partnerschaftlichen Therapie zufiel.

Das Geheimnis des Samenkorns

Eine 52-jährige Patientin erlebte die Trennung von ihrem erwachsenen Sohn mit tiefen Ängsten. Sie klagte, sie habe jetzt den Boden unter den Füßen verloren: „Manchmal überkommt mich der Gedanke, wenn ich an meine jetzige Situation denke, dass ich eigentlich vergeblich gelebt habe. Was habe ich schon in meinem Leben geleistet, und was bin ich für meinen Sohn überhaupt noch wert? Er lässt sich ja kaum mehr bei mir blicken." An dieser Stelle trat das Konzept der Frau deutlich hervor: „Seitdem ich meinen Sohn (meine Kinder) nicht mehr bei mir habe, ist mein Leben sinnlos. Ich selbst bin wertlos."

Als Gegenkonzept erzählte ich der Patientin die Parabel „Das Geheimnis des Samenkorns". Ein Samenkorn opfert sich selbst auf für den Baum, der aus ihm entsteht. Äußerlich gesehen geht der Samen verloren, aber die gleiche Saat, die geopfert wird, verkörpert sich im Baum, in seinen Zweigen, Blüten und Früchten. Würde das Bestehen jenes Samenkorns nicht vorerst für den Baum geopfert, hätten keine Zweige, Blüten oder Früchte entstehen können (nach *Abdúl-Bahá*).

Es sind stets die Besten, die sich bessern.
Lebensweisheit

Die Patientin übernahm diese Mythologie gleichsam als Schmeichelei, als Huldigung für ihr Verhalten. Sie war es, die sich aufgeopfert und auf eigene Interessen verzichtet, aber schließlich erreicht hatte, dass ihr Sohn ein eigenständiges und glückliches Leben führen konnte. Es tat der Patientin gut, dass diese ihre Leistung anerkannt wurde. Erst nachdem ihre persönliche Leistung bestätigt war und sich die Patientin dieser Anerkennung sicher fühlen konnte, war sie in der Lage, Schritt für Schritt die Fixierung auf ihren einzigen und dominanten Lebensinhalt, nämlich ihren Sohn, aufzugeben. Die Ablösung war für die Patientin nicht mehr nur negativ, der Mutterrolle widersprechend, sondern ein Schritt auf dem Weg zu eigenen Interessen und neuen Zielen.

Eine Leiter wird immer nur Stufe um Stufe erstiegen.
Lebensweisheit

Fantasie

Ein wesentliches Merkmal meiner Arbeit ist der Versuch, nicht nur die Logik der Betroffenen und Leser anzusprechen, sondern ebenso die ihnen innewohnenden Fähigkeiten zur Fantasie.

Aus diesen Gründen werden die einzelnen Gedankengänge durch Weisheiten, Sprachbilder, Geschichten und Aphorismen veranschaulicht. Die Geschichten sind bei dieser Arbeit nicht nur als Informationsquelle, sondern auch als Oase der Entspannung zu sehen

Geschichten in der eigenen Biografie

Wie vieles andere, haben wir auch unser Verhältnis zu Geschichten, Fabeln und Märchen gelernt. Wir haben gelernt, sie zu lieben, ihnen gegenüber gleichgültig zu sein oder sie abzulehnen. Einige Fragen können uns helfen, den Hintergrund unserer Einstellung den Geschichten gegenüber durchsichtiger und verständlicher zu machen:

- Wer hat Ihnen Geschichten vorgelesen und erzählt (Vater, Mutter, Geschwister, Großeltern, Tante, Kindergärtnerin usw.)?
- Können Sie sich an Situationen erinnern, in denen Ihnen Geschichten erzählt wurden? Wie fühlten Sie sich?
- Was halten Sie von Märchen, Geschichten und Parabeln?
- Welche Geschichte, welche Parabel, welche Erzählung fällt Ihnen spontan ein?
- Wer ist Ihr Lieblingsautor?
- Welche Sprichwörter und Konzepte haben für Sie die größte Bedeutung?

Die Kunst der kleinen Schritte

- *Herr, lehre mich die Kunst der kleinen Schritte!*
- *Ich bitte nicht um Wunder und Visionen, Herr, sondern um Kraft für den Alltag.*
- *Mach mich findig und erfinderisch, um im täglichen Vielerlei und Allerlei rechtzeitig meine Erkenntnisse und Erfahrungen zu notieren, von denen ich betroffen bin.*
- *Mach mich griffsicher in der richtigen Zeiteinteilung. Schenke mir das Fingerspitzengefühl, um herauszufinden, was erstrangig und was zweitrangig ist.*
- *Lass mich erkennen, dass Träume nicht weiterhelfen, weder über die Vergangenheit noch über die Zukunft. Hilf mir, das Nächste so gut wie möglich zu tun und die jetzige Stunde als die wichtigste zu erkennen.*

- *Bewahre mich vor dem naiven Glauben, es müsste im Leben alles glatt gehen. Schenke mir die nüchterne Erkenntnis, dass Schwierigkeiten, Niederlagen, Misserfolge, Rückschläge eine selbstverständliche Zugabe zum Leben sind, durch die wir wachsen und reifen.*
- *Erinnere mich daran, dass das Herz oft gegen den Verstand streikt. Schick mir im rechten Augenblick jemand, der den Mut hat, mir die Wahrheit zu sagen.*
- *Ich möchte dich und die anderen immer aussprechen lassen. Die Wahrheit sagt man nicht sich selbst, sie wird einem gesagt.*
- *Du weißt, wie sehr wir der Freundschaft bedürfen. Gib, dass ich diesem schönsten, schwierigsten, riskantesten und zartesten Geschäft des Lebens gewachsen bin.*
- *Verleihe mir die nötige Fantasie, im rechten Augenblick ein Päckchen Güte, mit oder ohne Worte, an der richtigen Stelle abzugeben.*
- *Mach aus mir einen Menschen, der einem Schiff mit Tiefgang gleicht, um auch die zu erreichen, die „unten" sind.*
- *Bewahre mich vor der Angst, ich könnte das Leben versäumen. Gib mir nicht, was ich mir wünsche, sondern was ich brauche.*
- *Lehre mich die Kunst der kleinen Schritte!*

Antoine de Saint-Exupéry

Die drei Säulen der Positiven Psychotherapie

A. Säule 1: Jeder Mensch ist seinem Wesen nach gut

Die Positive Psychotherapie basiert auf drei Säulen: auf dem positiven Menschenbild, dem inhaltlichen Vorgehen und der fünfstufigen Selbsthilfe und Therapie.

Das positive Menschenbild

So wie ein Samenkorn eine Fülle von Fähigkeiten besitzt, die durch die Umwelt, beispielsweise den Boden, den Regen oder den Gärtner entfaltet werden, so entwickelt auch der Mensch seine Fähigkeiten in enger Beziehung zu seiner Umwelt.

Glück ist, was du täglich tust.
Lebensweisheit

Die Positive Psychotherapie geht davon aus, dass der Mensch seinem Wesen nach gut ist. Ihrem Konzept liegt die Auffassung zu Grunde, dass jeder Mensch ohne Ausnahme *zwei Grundfähigkeiten* besitzt: die *Liebesfähigkeit* (*Emotionalität*) und die *Erkenntnisfähigkeit* (*Kognition*).

Die Liebesfähigkeit

Liebesfähigkeit ist die Fähigkeit zu lieben und geliebt zu werden. Beides ist gleich wichtig: die Fähigkeit, aktiv emotionale Zuwendungen zu geben, aber auch sie zu akzeptieren. Liebesfähigkeit gibt es nicht „im luftleeren Raum". Egal, was wir lernen, erwerben oder schaffen: Sinn und Zweck dieser Tätigkeit hängt davon ab, für was und wen dies geschieht – für uns selbst, für Partner und Angehörige, für eine bestimmte Interessengruppe (Partei, Verein etc.), für unser Land, unsere Volksgruppe, für die gesamte Menschheit, für die unmittelbare oder ferne Zukunft – oder aber gegen all das.

Primäre Fähigkeiten

Aus der Liebesfähigkeit entwickeln sich die primären Fähigkeiten. Dazu gehören zum Beispiel lieben, Vorbild sein, Geduld haben, sich Zeit nehmen, Kontakt knüpfen, Zärtlichkeit und Sexualität geben und nehmen, vertrauen, hoffen, glauben, zweifeln, Gewissheiten erlangen oder Einheit herstellen.

Die Erkenntnisfähigkeit

Viele Menschen versäumen das kleine Glück, weil sie auf das große vergebens warten.
Lebensweisheit

Erkenntnisfähigkeit ist die Fähigkeit zu lernen und zu lehren. Wir alle versuchen, Zusammenhänge in der Wirklichkeit zu erkennen. So fragen wir uns, warum ein Blatt vom Baum fällt, warum eine Blume wächst, warum es regnet, warum ein Flugzeug fliegt, warum Zucker süß ist, warum wir verliebt sind oder sterben müssen. Wir interessieren uns dafür, wer wir eigentlich sind, woher wir kommen, wohin wir gehen. Fragen wie diese entspringen einem grundlegenden menschlichen Bedürfnis. Die menschliche Eigenart, solche Fragen zu stellen und Antworten darauf zu suchen, zeigt, dass wir zu Erkenntnissen fähig sind. Wir lernen und wir lehren, oft unbewusst. Wir geben weiter, was wir selbst erfahren haben – an unsere Kinder, Kollegen, Partner.

Sekundäre Fähigkeiten

Aus der Erkenntnisfähigkeit entwickeln sich die sekundären Fähigkeiten. Dazu gehören zum Beispiel Zuverlässigkeit, Sparsamkeit, Pünktlichkeit, Ordnung, Genauigkeit, Höflichkeit, Fleiß/Leistung, Treue, Ehrlichkeit/Offenheit, Gerechtigkeit, Sauberkeit, Gehorsam oder Gewissenhaftigkeit.

Die Aktualfähigkeiten

Die primären und sekundären Fähigkeiten bezeichnen wir als Aktualfähigkeiten, Normen, die im täglichen Zusammenleben wirksam sind und daher fortwährend aktuelle Bedeutung haben. Alle anderen Fähigkeiten können aus diesen beiden Grundfähigkeiten (Erkenntnis- und Liebesfähigkeit) abgeleitet oder als Ausdruck verschiedener Kombinationen der Grundfähigkeiten verstanden und auf vielfältige Lebenslagen angewandt werden. Beide Grundfähigkeiten stehen in funktionalem Zusammenhang. Die angemessene Entwicklung einer Fähigkeit unterstützt und erleichtert die Entwicklung der anderen. Jeder Mensch verfügt über Grundfähigkeiten, die ihm eine große Bandbreite von Möglichkeiten eröffnen. Je nach den Bedingungen seines Körpers, seiner Umwelt und der Zeit, in der er lebt, differenzieren sich diese Grundfähigkeiten und führen zu seiner Einzigartigkeit und einer unverwechselbaren Struktur von Wesenszügen.

Das positive Menschenbild führt zu einem positiven Vorgehen in der Positiven Psychotherapie. Hiermit wird versucht, *alle* Gegebenheiten, die Störungen ebenso wie die Fähigkeiten, zu berücksichtigen. So fragt man beispielsweise: Welche Vorteile bringen Hemmungen mit sich? Welche Funktionen erfüllen Schlafstörungen? Was bedeutet für mich die Tatsache, dass ich Angst und Depressionen habe?

Man darf in jedem menschlichen Wesen nur das sehen, was des Lobes würdig ist.

Abdul'-Bahà

Positive Deutungen

Auch Krankheitsbilder werden positiv gedeutet, sodass die Störung in einem anderen Licht gesehen werden kann. Diese neue Sichtweise führt zu einem Standortwechsel des Betroffenen.

Aggressivität: Die Fähigkeit, auf etwas spontan, emotional und hemmungslos zu reagieren.

Alkoholismus: Die Fähigkeit, mithilfe des Alkohols Konflikte vorübergehend erträglich zu machen.

Angst vor Einsamkeit: Das Bedürfnis, mit anderen Menschen zusammen zu sein.

Bettnässen: Die Fähigkeit, nach unten zu weinen.

Depression: Die Fähigkeit, mit tiefster Gefühlsbereitschaft auf Konflikte zu reagieren.

Eifersucht: Die Fähigkeit zu lieben, ohne sich so zu verhalten, um geliebt zu werden.
Faulenzen: Die Fähigkeit, Leistungsanforderungen aus dem Wege zu gehen.
Frigidität: Die Fähigkeit, mit dem Körper Nein zu sagen.
Hemmungen: Die Fähigkeit, sich zurückzuhalten und das Aufgenommene auf sich wirken zu lassen. Wenn ich mich nicht in Gefahr begebe, brauche ich keine Angst zu haben, verletzt zu werden.

Wer an das Gute im Menschen glaubt, bewirkt das Gute.
Jean Paul

Herzinfarkt: Die Fähigkeit, sich Belastungen und Risikofaktoren zu Herzen gehen zu lassen.
Narzissmus: Die Fähigkeit, sich selbst lieben zu können und die vermeintlichen eigenen Schwächen als positiv zu erleben.
Paranoia: Die Fähigkeit, sich selbst als den Mittelpunkt der Welt und deren geheimnisvollen Mächten zu sehen.
Potenzstörung: Die Fähigkeit, sich aus dem Konfliktfeld der Sexualität zurückzuziehen.
Psychosomatische Symptome: Die Fähigkeit, durch Organsprache darauf hinzuweisen, dass zurzeit kein anderes Mittel der Konfliktverarbeitung zur Verfügung steht.
Stress: Die Fähigkeit der Anpassung des Organismus an eine neue Situation kann in diesem Sinne als Stress bezeichnet werden.
Trotz: Die Fähigkeit, Nein zu sagen.
Verwahrlosung: Die Fähigkeit, verbindliche Normen zu ignorieren oder ihnen zuwider zu handeln.
Zwangsneurose: Die Fähigkeit, etwas mit außerordentlicher Genauigkeit, Gewissenhaftigkeit, Pünktlichkeit und Konsequenz durchzuführen.

B. Säule 2: Jeder Mensch kann sich verändern

Glaube an Gott und binde dein Kamel fest

Die Gläubigen kamen in Scharen, um die Worte des Propheten Mohammed zu hören. Ein Mann hörte besonders aufmerksam und andächtig zu, betete mit gläubiger Inbrunst und verabschiedete sich schließlich vom Propheten, als es Abend wurde. Kaum war er draußen, kam er wieder zurückgerannt und schrie mit sich überschlagender Stimme: „Oh Herr! Heute Morgen ritt ich auf meinem Kamel zu dir, um dich, den Propheten Gottes, zu hören. Jetzt ist das Kamel nicht mehr da. Weit und breit ist kein Kamel zu sehen. Ich war dir gehorsam, achtete auf jedes Wort deiner Rede und vertraute auf Gottes Allmacht. Jetzt, oh Herr, ist mein Kamel fort. Ist das die göttliche Gerechtigkeit? Ist das die Belohnung meines Glaubens? Ist das der Dank für meine Gebete?" Mohammed hörte sich diese verzweifelten Worte an und antwortete mit einem gütigen Lächeln: „Glaube an Gott und binde dein Kamel fest."

Häufig sind es keineswegs die großen Ereignisse, die zu Störungen führen, sondern die Nadelstiche, die Lappalien und „Nichtigkeiten". Die immer wiederkehrenden kleinen seelischen Verletzungen formen schließlich ein Charakterbild so, dass es für einzelne Konflikte besonders anfällig ist. Ein Beispiel. Ein Mensch, der gelernt hat, nur dann etwas wert zu sein, wenn er etwas leistet und berufliche und menschliche Erfolge hat, wird plötzlich eine tief greifende Niederlage erleiden, wenn er auf einmal den ihm gestellten Aufgaben nicht mehr gewachsen ist. Der Verlust des Arbeitsplatzes oder das Scheitern einer Beziehung wird als Versagen oder Niederlage erlebt und gewertet, aber nicht als Chance für einen möglichen Neuanfang.

Unwissenheit ist die größte Armut.
Lebensweisheit

Die besondere Betrachtung der „Lappalien" und „Nadelstiche" erfolgt bei jedem aktuellen Konflikt. Im Folgenden einige

Fragen, die zu einer Auseinandersetzung mit den jeweiligen dahinter liegenden Aktualfähigkeiten führen sollen:

- Wie reagieren Sie, wenn Ihr Partner nicht rechtzeitig zu einem vereinbarten Termin kommt; wenn er nicht das tut, was Sie für richtig und wichtig halten?
- Was tun Sie, wenn einer Ihrer Mitmenschen Sie anlügt, wenn einer eine unerträgliche Duftwolke um sich verbreitet oder wenn Sie mit einem Menschen ein längeres Gespräch führen müssen, der aus dem Mund riecht?
- Was empfinden Sie, wenn Sie ungerecht behandelt und andere Ihnen gegenüber bevorzugt werden?
- Wie fühlen Sie sich, wenn Sie merken, dass ein anderer Sie betrogen hat, dass Ihr Partner fremdgeht?
- Was empfinden Sie, wenn Sie vor einer Prüfung stehen?

Viele suchen ihr Glück wie eine Brille, die sie auf der Nase tragen.
Orientalische Lebensweisheit

All diese Fragen enthalten Aktualfähigkeiten. Wenn man die Fragen nicht nur überfliegt, sondern sich mit den in ihnen enthaltenen Situationen innerlich beschäftigt, wird man feststellen, dass durch sie Emotionen und Affekte angesprochen werden. Der dargestellte Ansatz legt nahe, Betroffene auf ihre Konfliktbereitschaft hinsichtlich der Aktualfähigkeiten zu befragen. Während der eine sehr viel Wert auf Fleiß/Leistung oder auf Sparsamkeit legt, betont der andere Ordnung, Pünktlichkeit, Höflichkeit etc. Jede dieser Normen erfährt ihrerseits ihre eigene situations-, gruppen- und gesellschaftsgebundene Gewichtung.

„Wenn ich schon an die Ungerechtigkeiten meines Chefs denke, fange ich an zu zittern und es wird mir schlecht. Hinterher habe ich dann Kopfschmerzen und Magenbeschwerden“ (28-jährige Angestellte mit psychosomatischen Störungen).

Die Aktualfähigkeiten sind psychodynamisch wirksam. Sie stehen im Zusammenhang mit psychoanalytischen Kategorien wie

Über-Ich und Ich-Ideal, tiefenpsychologischen Kategorien wie Selbstwert- und Minderwertigkeitsgefühl und „erwünschtem" und „unerwünschtem" Verhalten in der Verhaltenstherapie.
Die Aktualfähigkeiten geben uns zusätzliche Hinweise und eröffnen auf der Grundlage der Erkenntnis des inhaltlichen Konfliktbereiches neue Möglichkeiten der Erziehung, der Selbsthilfe, der Psychohygiene und der konfliktzentrierten Psychotherapie.
In alltäglichen Beschreibungen und Wertungen und in der gegenseitigen Partnerbeurteilung spielen die sekundären Fähigkeiten eine entscheidende Rolle. Wer einen anderen Menschen nett und sympathisch findet, der begründet seine Einstellung damit: „Er ist anständig und ordentlich, man kann sich auf ihn verlassen." Umgekehrt urteilt man abwertend: „Er ist mir unsympathisch, weil er schlampig, unpünktlich, ungerecht, unhöflich und geizig ist und zu wenig Fleiß zeigt."

Wer sich nicht selbst achtet, wird auch niemals geachtet werden.

Orientalische Lebensweisheit

Beispielhaft folgt eine Auswahl von Personen oder Institutionen, die Aktualfähigkeiten und Sozialisationsnormen vermitteln oder fordern.

- Vater: Fleiß, Gehorsam, Zutrauen
- Mutter: Ordnung, Sauberkeit
- Partner: Zeit, Geduld, Treue, Sexualität
- Lehrer: Fleiß, Pünktlichkeit
- Arbeitgeber: Zuverlässigkeit, Genauigkeit, Fleiß/Leistung, Pünktlichkeit, Ordnung
- Mitmenschen (Arbeitskollegen): Höflichkeit, Kontakt, Sauberkeit
- Jurisprudenz: Gerechtigkeit, Ehrlichkeit
- Kirche: Glaube, Hoffnung, Vertrauen

Ebenso geläufig wie diese Beispiele sind auch die Folgen von entsprechenden Erlebnissen auf Stimmung und körperliches Befinden. So können beispielsweise Pedanterie, Unordnung, ritualisierte Sauberkeit, Unsauberkeit, übertriebene Pünktlichkeitsforderungen, Unpünktlichkeit, zwanghafte Gewissenhaftigkeit oder Unzuverlässigkeit außer zu sozialen Konflikten auch zu psychischen und psychosomatischen Verarbeitungen – wie Ängsten, Aggressionen und Nachahmungen – mit ihren Folgen und Erkrankungen führen.

Im Folgenden eine Liste der wichtigsten primären und sekundären Fähigkeiten.

Primäre Fähigkeiten	Sekundäre Fähigkeiten
Liebe (Emotionalität)	Pünktlichkeit
Vorbild	Sauberkeit
Geduld	Ordnung
Zeit	Gehorsam
Kontakt	Höflichkeit
Sexualität	Ehrlichkeit/Offenheit
Vertrauen	Treue
Zutrauen	Gerechtigkeit
Hoffnung	Fleiß/Leistung
Glaube/Religion	Sparsamkeit
Zweifel	Zuverlässigkeit
Gewissheit	Genauigkeit
Einheit	Gewissenhaftigkeit

Die folgenden Fragen bieten Ihnen die Möglichkeit, sich noch intensiver mit Ihren Aktualfähigkeiten auseinander zu setzen.

Pünktlichkeit Haben Sie Schwierigkeiten wegen Unpünktlichkeit? Wie reagieren Sie auf Unpünktlichkeit oder übertriebene Pünktlichkeit?

Sauberkeit Haben Sie Probleme wegen Unsauberkeit oder eines „Putzfimmels"? Mit wem? Welche Bedeutung messen Sie Körperpflege, Kleidung, Wohnung zu?

Ordnung Haben Sie Schwierigkeiten wegen Unordnung oder einem Ordnungstick? Mit wem? Fühlen Sie sich in einer unordentlichen Umgebung unbehaglich oder finden Sie, dass ein bisschen Unordnung dazugehört (Situationen)?

Höflichkeit Sind Sie eher höflich oder ehrlich? Was empfinden Sie, wenn Ihr Partner die erwartete Höflichkeit, Rücksicht, gutes Benehmen nicht zeigt? Schlucken Sie lieber Ärger herunter, als gute Beziehungen aufs Spiel zu setzen?

Ehrlichkeit Wer von Ihnen kann seine Meinung offener sagen? Haben Sie Probleme wegen Unehrlichkeit? Wie reagieren Sie auf Unehrlichkeit oder auf Ehrlichkeit um jeden Preis? Erzählen Sie anderen viel oder wenig von sich? Sind Sie mit der Wahrheit übergenau oder großzügig (Notlügen)?

Ideale sind wie Sterne: man kann sie nicht erreichen, aber man kann sich an ihnen orientieren.
Lebensweisheit

Gehorsam Wer von Ihnen neigt dazu, Befehle zu geben? Mögen Sie es, wenn andere Ihnen sagen, was Sie zu tun haben? Wie reagierten Ihre Eltern auf Ungehorsam?

Treue Was verstehen Sie unter Untreue? Wie würden Sie reagieren, wenn Ihr Partner fremdgehen würde (oder wie haben Sie reagiert)? Spielen Sie mit dem Gedanken, einen anderen Partner zu haben? Halten Sie ein bisschen Untreue für ganz reizvoll?

Gerechtigkeit Wie reagieren Sie, wenn Sie ungerecht behandelt werden? Haben Sie Probleme mit Ungerechtigkeit oder mit einem Gerechtigkeitstick?

Sparsamkeit Haben Sie finanzielle Probleme? Was würden Sie machen, wenn Sie mehr Geld hätten? Wofür geben Sie Geld aus? Wofür geben Sie kein Geld aus? Wie reagieren Sie, wenn jemand „das Geld

	zum Fenster hinauswirft" oder „jeden Pfennig herumdreht"?
Fleiß/ Leistung	Haben Sie berufliche Probleme? Sind sie unzufrieden mit Ihrem Beruf oder Ihren Kollegen? Fühlen Sie sich wohl, wenn Sie einmal nichts zu tun haben? Wofür engagieren Sie sich mehr: Beruf oder Familie? Sind Sie mit den Erfolgen der Kinder zufrieden?
Zuverlässigkeit	Neigen Sie oder Ihr Partner dazu, alles fehlerlos und perfekt machen zu müssen? Führen Sie Ihre Arbeit genauso gut aus, wenn Ihr Chef nicht da ist? Wie fühlen Sie sich bei Unzuverlässigkeit des Partners (Situationen)?
Geduld	In welchen Situationen und wem gegenüber waren Sie oder Ihr Partner ungeduldig? Können Sie warten? Verlieren Sie schnell die Beherrschung?
Zeit	Wer von Ihnen hat für sich und den Partner mehr Zeit? Wie fühlen Sie sich, wenn Ihr Partner wenig Zeit hat? Kommen Sie mit Ihrer Zeit aus (Langeweile, Hetze)? Denken Sie oft darüber nach, was Sie in der Vergangenheit richtig oder falsch gemacht haben? Was würden Sie machen, wenn Sie eine ganze Woche Zeit zur Verfügung hätten?
Kontakt	Wie fühlen Sie sich, wenn Sie viele Gäste haben oder in einer Gesellschaft mit vielen Menschen sind? Was hindert Sie daran, Gäste einzuladen (Argumente wie: „Gäste machen Unordnung, …kosten viel Geld, …beanspruchen so viel Zeit…?")
Vertrauen/ Hoffnung	Sind Sie in Ihrem Vertrauen enttäuscht worden oder haben Sie andere enttäuscht (Situation)?

Lernen ist wie Schwimmen gegen den Strom.
Aus China

Können Sie fremden Menschen Vertrauen schenken oder sind Sie vorsichtig? Hat man Ihnen als Kind selbstständiges Handeln zugetraut oder wurden Sie kontrolliert? Sind Sie eher Optimist oder Pessimist?

Sex/ Sexualität Gefällt Ihnen Ihr Partner körperlich? Welche Eigenschaften Ihres Partners mögen Sie, welche nicht? Wer hat Sie aufgeklärt?

Glaube/ Religion Glauben Sie an ein höheres Wesen, an ein Leben nach dem Tod? Was halten Sie von Religionen, was von der Kirche?

In Europa und Nordamerika beobachten wir die Tendenz, sekundäre Fähigkeiten, beispielsweise die *Leistungsfähigkeit*, besonders hervorzuheben, was zuweilen mit einer Vernachlässigung primärer Fähigkeiten, beispielsweise der *Kontaktfähigkeit*, einhergeht. Im Orient besteht dagegen die Neigung, die primären Fähigkeiten, die sich am zwischenmenschlichen Kontakt orientieren, zu betonen, wobei verschiedene sekundäre Fähigkeiten vernachlässigt werden.

Ein Tropfen Liebe ist mehr als ein Ozean an Wille und Verstand.

Blaise Pascal

Bei der Auseinandersetzung mit den Aktualfähigkeiten der Betroffenen kann das DAI (differenzierungsanalytisches Inventar) benutzt werden. Es wird erforscht, in welchen Bereichen es zu Konflikten kommt oder jemand besonderen Akzent auf bestimmte Werte legt.

Das differenzierungsanalytische Inventar (DAI, Kurzform)

Aktualfähigkeiten	Patient	Partner	Spontanaussage
Pünktlichkeit			
Sauberkeit			
Ordnung			
Gehorsam			
Höflichkeit			

Aktualfähigkeiten	Patient	Partner	Spontanaussage
Ehrlichkeit/Offenheit			
Treue			
Gerechtigkeit			
Fleiß/Leistung			
Sparsamkeit			
Zuverlässigkeit/			
Genauigkeit			
Liebe			
Geduld			
Zeit			
Vertrauen/Hoffnung			
Kontakt			
Sex/Sexualität			
Glaube/Religion			

Klären Sie mit Ihrem Partner ab, in welchen Bereichen es zu Konflikten kommt. Dabei markieren Sie die einzelnen Verhaltensbereiche und die höchste Bewertung (sehr wichtig, +++) und die niedrigste Bewertungsstufe (sehr unwichtig, ---) oder Zwischenstufen. Die 1. Spalte gibt die Selbstbeurteilung des Betroffenen hinsichtlich der Aktualfähigkeiten wieder; die 2. Spalte kennzeichnet die Fremdbeurteilung des Betroffenen durch den Partner. Die 3. Spalte enthält Spontankommentare.

Vier Formen der Konfliktverarbeitung

Trotz aller kultureller und sozialer Unterschiede und der Einzigartigkeit jedes Menschen kann man beobachten, dass alle Menschen bei der Bewältigung ihrer Probleme auf typische Formen der Konfliktverarbeitung zurückgreifen. Egal, ob wir uns unglücklich fühlen, angespannt oder wütend sind, uns mit einem Problem herumschlagen oder gar schier am Leben verzweifeln – all das lässt sich in den folgenden vier Formen der Konfliktverarbeitung zum Ausdruck bringen. Jeder dieser Formen ist ein Medium der Erkenntnisfähigkeit zugeordnet. An ihm erkennen wir, wie wir uns und unsere Umwelt wahrnehmen und auf welchem Erkenntnisweg wir die Realität prüfen.

Die vier Qualitäten des Lebens (Das Balancemodell)

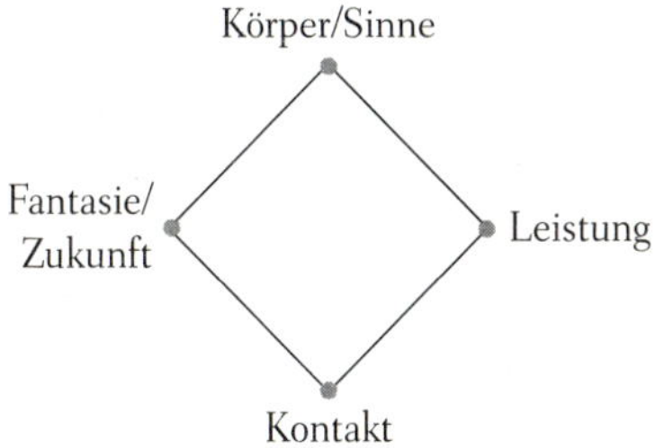

Diese Formen der Konfliktverarbeitung, die jeder von uns mit seinen eigenen Vorstellungen, Wünschen und Konflikten füllt, sind relativ weit gefasst. Jeder Mensch entwickelt eigene Wege, um auftretende Konflikte zu verarbeiten. Wird eine Form der Konfliktverarbeitung überbetont, geraten die anderen in den Hintergrund. Wie das vonstatten geht, hängt zu einem großen Teil von Lernerfahrungen ab, vor allem von denen aus der Kindheit. Die vier Reaktionsformen werden in der konkreten Lebenssituation durch konkrete Konzepte ausgebildet.

Bleib auf der Landstraße, auch wenn sie ein Umweg ist.
Aus Persien

1. Körper (Sinne): Im Vordergrund stehen Fragen wie: Wie nehme ich meinen Körper wahr? Wie erlebe ich Sinneseindrücke und Informationen meiner Umwelt? Nachdem wir die Informationen durch unsere Sinne aufgenommen haben, zensieren wir sie durch unsere Wertmaßstäbe. Auf Grund unserer Erfahrungen und Erlebnisse sind die jeweiligen Sinnesqualitäten konflikthaft besetzt. Schon im Säuglingsalter nehmen wir mit unseren Sinnen Kontakt zur Umwelt auf. Unsere Sinne kontrollieren unser Handeln. Eine wichtige Rolle spielt dabei auch der Rhythmus, in dem wir als Baby schliefen und gefüttert wurden.

Die Organwahl eines psychosomatisch erkrankten Patienten wird im Hinblick auf die Konzepte verständlich, an die er sich gegenüber dem Körper als Ganzem, einzelnen Organen und Organfunktionen sowie gegenüber Gesundheit und Krankheit hält. Sie determinieren im Gesamtzusammenhang des Konfliktgeschehens, warum der Mensch mit dem Herzen reagiert, ein anderer mit dem Magen, den Atmungsorganen, der Haut usw. und warum manche Menschen in die Krankheit fliehen, andere dagegen mit aller Macht körperliche Schwäche und Krankheit verleugnen müssen.

Nie ist man so glücklich oder unglücklich, wie man sich einbildet.
La Rochefoucauld

2. *Leistung (Verstand):* In der modernen Industriegesellschaft, vor allem im westlichen Kulturkreis, spielt diese Form eine große Rolle, vor allem im Hinblick auf die Frage, wie ausgeprägt unsere Leistungsnormen sind und wie wir sie in unser Selbstkonzept eingliedern. Mithilfe von Denken und Verstand können wir systematisch und gezielt Probleme lösen und bestmögliche Leistungen erreichen. Dabei gibt es zwei einander entgegengesetzte Fluchtreaktionen:

- die Flucht in die Arbeit;
- die Flucht vor Leistungsanforderungen.

Als typische Symptome gelten Versagensängste, Stressreaktionen, mangelnder Selbstwert, Überforderung, Konzentrationsstörungen und „defizitäre" Symptome wie Leistungszwang oder Leistungshemmungen, Faulheit oder Arbeitswut, Strebertum oder Faulheit usw. Körperliche Symptome sind unter anderem Magenbeschwerden, Schlafstörungen, Alkoholismus, Drogenabhängigkeit usw. Lebensweisheiten oder Sprüche zu diesem Bereich sind beispielsweise: „Hast du was, bist du was" – „Zeit ist Geld" – „Lehrjahre sind keine Herrenjahre" – „Erst die Arbeit, dann das Vergnügen" – „Ohne Fleiß kein Preis" – „Dienst ist

Dienst und Schnaps ist Schnaps" – „Arbeit macht das Leben süß" – „Neue Besen kehren gut" usw.

3. *Kontakt (Tradition)*: Dieser Bereich umfasst die Fähigkeit, Beziehungen aufzunehmen und zu pflegen: zu sich selbst, zum Partner, zur Familie, letztlich zu allen Menschen, Gruppen, sozialen Schichten und Kulturkreisen. Aber auch die Beziehung zu Tieren, Pflanzen und Dingen ist hier mit eingeschlossen. Unsere sozialen Verhaltensweisen, insbesondere unsere Möglichkeiten, Kontakte zu gestalten, werden von Lernerfahrungen und Überlieferungen (Traditionen) geprägt. Dabei werden sie von sozial erlernten Auswahlkriterien gesteuert: So erwarten wir von unserem Gegenüber Verhaltensweisen wie Fairness, Höflichkeit, Ehrlichkeit, Aufmerksamkeit, Gerechtigkeit, Ordnung, Interesse an bestimmten Interessengebieten usw. Dementsprechend suchen wir unsere Partner, Freunde usw. aus.

Wer liebt, herrscht ohne Gewalttat und dient, ohne Sklave zu sein.
Lebensweisheit

Konflikte werden häufig durch ein geändertes Verhalten im Beziehungsbereich kompensiert: Auch hier gibt es zwei einander entgegengesetzte Fluchtreaktionen:

- die Flucht in die Geselligkeit;
- der Rückzug aus der Gemeinschaft.

Zu typischen Symptomen zählen Schüchternheit, Aufdringlichkeit, Kontaktarmut, Bindungslosigkeit, Trennungsangst, Zwangshandlungen usw. Gesellschaftliche Symptome sind Diskriminierung von Minderheiten, Gewalt, Vereinsamung alter oder einsamer Menschen, Gruppenegoismus, aber auch Kriege. Lebensweisheiten oder Sprüche: „Jeder ist seines Glückes Schmied" – „Eigener Herd ist Goldes wert" – „Man muss die Feste feiern wie sie fallen" – „Freunde in der Not, tausend auf ein Lot" usw.

4. Fantasie (Intuition): Eine weitere Möglichkeit auf Konflikte zu reagieren, ist die Aktivierung der Fantasie: In ihr stellen wir uns Konfliktlösungen und Erfolge vor, in ihr sagen wir jemandem, dem wir im „richtigen" Leben nicht gewachsen zu sein scheinen, ordentlich die Meinung oder stellen uns dessen Bestrafung vor. In der Fantasie werden Bedürfnisse angeregt und oft auch befriedigt. Als „Privatwelt" schützt sie uns vor verletzenden und kränkenden Einbrüchen aus der Wirklichkeit. Etwa mit Hilfe von Alkohol und Drogen begeben wir uns in eine scheinbar angenehme „Scheinwelt". In unserer Vorstellung machen wir Fehler, Irrtümer, Trennungen, finanzielle Nöte und anderes Ungemach ungeschehen. Doch unsere Fantasie kann uns auch derart Angst machen, dass das „wahre Leben" unerträglich zu werden scheint. Wenn sich Fantasie so mit der Wahrnehmung vermischt, kann das zu Symptomen führen, wie wir sie in der Schizophrenie als Wahnvorstellungen kennen. Um die dynamische beängstigende Kraft ihrer Fantasie in Schach zu halten, umgeben sich manche Menschen gewissermaßen mit einem Korsett aus zwanghaftem Verhalten. Diese Verhaltensweisen sollen bedrohliche Fantasien im Zaum halten und die Betroffenen vor unkontrollierten Gefühlsausbrüchen schützen. Auch in diesem Bereich spielen die Aktualfähigkeiten als Inhalte der Fantasie eine zentrale Rolle.

Wer Fantasie hat, doch kein Wissen, hat Flügel, doch keine Füße.

Orientalische Lebensweisheit

Dieses „Vierergespann" ähnelt einer Waage, die immer ein ausgewogenes Verhältnis von je etwa 25 % haben muss, um ein seelisches Gleichgewicht zu garantieren. Ausschlaggebend für ein ausgewogenes Seelenleben ist die Fähigkeit, positiv und kreativ zu denken; eine Eigenschaft, die vielen Menschen nahezu abhanden gekommen ist, aber durchaus wieder erlernbar ist.

Vier Formen, Konflikte zu bearbeiten

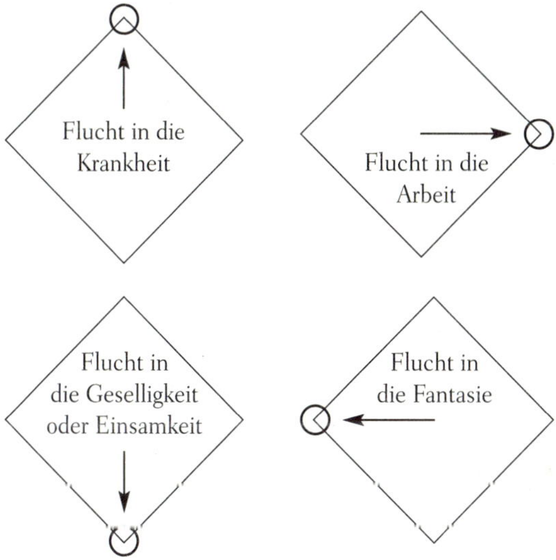

Im persönlichen Bereich bringen wir Einseitigkeiten in den vier Qualitäten außer in offenen Formen in vier Fluchtreaktionen zum Ausdruck: Man flieht in die Krankheit (Somatisierung), in Aktivität und Leistung (Rationalisierung), in die Einsamkeit oder in die Geselligkeit (Idealisierung oder Herabsetzung) und in die Fantasie (Verleugnung).

Die vier Vorbilddimensionen

Die vier Bereiche der Konfliktverarbeitung korrespondieren mit der Erkenntnisfähigkeit, d. h. mit den Medien, mit deren Hilfe wir uns mit der Realität in Beziehung setzen. Eine weitere wesentliche Dimension menschlichen Lebens ist die Liebesfähigkeit, die sich auch durch Beziehungen zur Umwelt entwickelt. Aus diesem Grunde fragen wir nach den Beziehungsqualitäten, die einen Zugang zu den Gestaltungsmöglichkeiten der Emotionalität öffnen.

Schlechte Beispiele verderben gute Sitten.
Lebensweisheit

Zum Verständnis einer Konfliktsituation müssen wir ihre Hintergründe und die daran beteiligten Konzepte kennen. Die Entwicklung der Persönlichkeit wird entscheidend von den primären Beziehungen eines Menschen geprägt. Als günstig hat es sich erwiesen mithilfe von Vorbilddimensionen zu umschreiben, warum bestimmte soziale Beziehungen bevorzugt und andere abgelehnt werden. Die relevanten Informationen beziehen sich auf die Beziehung der

- Bezugspersonen (Eltern) und Geschwister (auch der gleichaltrigen Spielkameraden) zum Kind (Ich);
- Eltern untereinander (Du);
- Eltern zur Umwelt (Wir);
- Eltern zur Religion/Weltanschauung (Ur-Wir).

Die 4 Vorbilddimensionen und die Entwicklung der 4 Medien der Liebesfähigkeit

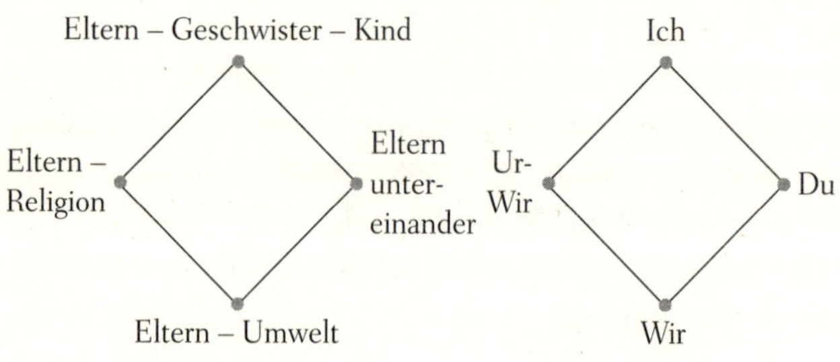

Grundkonflikt (prägende Beziehungen) — Aktualkonflikt (aktuelle Beziehungsstrukturen)

Die vier Vorbilddimensionen, wie sie als Grundkonflikt beschrieben sind, projizieren sich auf die aktuellen Beziehungen eines Menschen in der Familie und über die Familie hinaus. Übernommen werden sowohl die Erfahrungen, die man mit den Bezugspersonen machen konnte, als auch die Vorbilder, die sie repräsentieren. Diese Vorbildbeziehungen lassen sich getrennt nach Aktual- und Grundkonflikt beschreiben. In der Praxis hat es sich bewährt, beide Modelle aufeinander zu projizieren und sie als ein gemeinsames Modell zu Grunde zu legen.

Die vier Vorbilddimensionen sind Gestaltungsmöglichkeiten der allen Menschen eigenen Fähigkeit, Beziehungen aufzunehmen. Sie umfassen die Beziehungen zum „Ich", zum „Du", zum „Wir" und zum „Ur-Wir", die über die Vorbilder aus der Ursprungsfamilie erschlossen werden. Die Aktualfähigkeiten können auch hier wie ein Filter sozialen Beziehungen vorgeschaltet sein: Man verzichtet darauf, Gäste einzuladen, weil sie uns in unserer Ordnung stören und Geld kosten, also das eigene Sparsamkeitskonzept berühren. Ebenso kann die Beziehung zum Ich bei mangelnder Unterstützung aus dem Bereich der primären Fähigkeiten durch Misserfolge (Fleiß/Leistung) blockiert sein. Das Verhältnis zum Du kann über Konflikte, die die Bereiche Sexualität, Treue, Vertrauen betreffen, empfindlich gestört werden, genau wie sich enttäuschte Erwartungen hinsichtlich Ehrlichkeit, Gerechtigkeit und Hoffnung vor das Verhältnis zum Ur-Wir stellen können.

Wer den anderen neben sich klein macht, ist nie groß.

Johann Gottfried Seume

Die folgenden Fragen können Ihnen helfen, die Vorbilddimensionen in Ihrem Leben zu verstehen.

- Zu wem hatten Sie als Kind eine stärkere Beziehung (Vater, Mutter, Großeltern)?
- Wer von Ihren Eltern (Bezugspersonen) hatte mehr Zeit für Sie?
- Wer von Ihren Eltern war geduldiger oder wer regte sich leichter auf?
- Wer war Ihr Vorbild?
- Haben Sie das Gefühl, als Kind gerecht behandelt worden zu sein (wurden beispielsweise Geschwister bevorzugt)?
- Wie beurteilen Sie heute die Ehe Ihrer Eltern?
- Wer von Ihren Eltern war kontaktfreudiger?

- Wer von Ihren Eltern beschäftigte sich mehr mit religiösen und weltanschaulichen Fragen?

C. Säule 3: Jeder Mensch besitzt die Ressourcen seiner Veränderung

Die rettende Hand

In einem Sumpf im Norden Persiens war ein Mann versunken. Nur sein Kopf schaute noch aus dem Morast heraus. Lauthals schrie er um Hilfe. Bald sammelte sich eine große Menschenmenge an dem Ort des Unglücks und einer fasste den Mut, dem Verunglückten zu helfen. „Gib mir deine Hand", rief er zu ihm herüber. „Ich werde dich aus dem Sumpf herausziehen." Doch der Versunkene schrie weiterhin um Hilfe und tat nichts, dass der andere ihn herausziehen konnte. „Gib mir deine Hand", forderte dieser ihn mehrere Male auf. Die Antwort war lediglich ein erbärmliches Schreien um Hilfe. Da trat ein anderer Mann hinzu und sprach: „Du siehst doch, dass er dir niemals seine Hand geben wird. Gib du ihm deine Hand, dann wirst du ihn retten können."

Die fünfstufige Selbsthilfe

Kernstück der therapeutischen Intervention der Positiven Psychotherapie und Familientherapie ist eine fünfstufige Selbsthilfe- und Behandlungsstrategie. Ansatzpunkt des therapeutischen Einstiegs sind die Aktualfähigkeiten und die Grundfähigkeiten des oder der Betroffenen. Dabei wird sowohl von den bestehenden Störungen als auch von den gleichzeitig bestehenden Fähigkeiten eines Menschen ausgegangen. Therapieziele werden individuell definiert, sie beinhalten jedoch stets die folgenden Momente:

Stufe 1: Beobachtung/Distanzierung
Stufe 2: Inventarisierung
Stufe 3: Situative Ermutigung
Stufe 4: Verbalisierung
Stufe 5: Zielerweiterung.

Zu Grunde liegt ein transkulturelles Denkmodell, das ausdrücklich die Vielfalt der individuell, familiär und kulturell determinierten Erscheinungsformen einbezieht und eine Einheit in der Mannigfaltigkeit fordert.

Stufe 1: Beobachtung und Distanzierung

Die Schwerpunkte liegen – für einen Zeitraum zwischen einer und vier Wochen – auf der Verbundenheit und der positiven Umdeutung. Hilfen dafür sind folgende Maßnahmen:

Beobachtung: Beobachten Sie das Verhalten Ihres Partners oder des Menschen, mit dem Sie zusammenleben und ein Problem haben. Notieren Sie sich, worüber Sie sich ärgern oder freuen. Beschreiben Sie die Situationen genau. Versuchen Sie für sich folgende Fragen schriftlich zu beantworten: Wem gegenüber und wann fühlten Sie sich ärgerlich und deprimiert? Wann freuten Sie sich und wann fühlten Sie sich glücklich? Was gefällt Ihnen an Ihrem Partner, was nicht? Was hat Sie zusammengeführt und was hält Sie noch zusammen? Das allgemeine Unbehagen wird auf diese Weise greifbar, was Ihnen neue Aspekte ermöglicht, mit denen Sie vielleicht einen Umlernprozess im familiären Beziehungsfeld einleiten können.

Am besten lernt man die Menschen kennen, indem man sie beobachtet, wenn es irgendwo etwas gratis gibt.

Lebensweisheit

Die schriftliche Form hat zudem die Funktion eines Ventils: Sie beschäftigen sich mit Ihrem eigenen Konflikt, ohne die äußere Konfliktsituation zu verstärken.

Kritik unterlassen: Kritisieren Sie Ihren Partner nicht, sondern beobachten Sie ihn lediglich aus einer inneren Distanz heraus – seine vermeintliche Unordentlichkeit, Unpünktlichkeit, Unhöflichkeit, Arroganz usw. Durch die distanzierte Beobachtung und den Verzicht auf Kritik und Vorverurteilung stecken Sie den Konflikt ab und nehmen Ihr Gegenüber mitunter schon jetzt aus einer anderen Sicht wahr. Familiäre Gewohnheiten wie das Kritikspiel werden, wenigstens vorübergehend, aufgegeben und die an sie geknüpften, meist negativen Erwartungshaltungen enttäuscht. Wer diesen Schritt der Selbsthilfe wagt, benötigt auf dieser Stufe der Beobachtung und Distanzierung Zeit, die er seinem Partner einräumt, und Geduld, ihn so zu nehmen, wie er ist.

In jedem Menschen ist etwas Kostbares, das in keinem anderen ist.
Martin Buber

Das Problem direkt mit dem Partner ausmachen: Probleme sind Sache der betroffenen Personen. Wer indiskret mit dritten Personen darüber spricht, vergrößert die Probleme meist nur. Parteinahme oder einander widersprechende „gut gemeinte" Ratschläge verschärfen Konflikte statt sie zu beruhigen. Eine Alternative: Statt darüber zu reden, notieren Sie die Umstände, unter denen Ängste, Aggressionen und Depressionen auftreten. Noch besser: Notieren Sie, unter welchen Umständen die Probleme *nicht* auftraten.

Der Istwert und der Sollwert: Ein Umlernprozess wird meist dadurch erschwert, dass die Betroffenen „den Wald vor lauter Bäumen nicht mehr erkennen", sprich: nur die Konflikte und nichts anderes sehen können. Ihre Reaktionen auf Konflikte erscheinen schicksalhaft. Kreisen Sie diese Konflikte mithilfe des Istwertes und des Sollwertes ein. Machen Sie es sich zum Ziel, alternative Einstellungen und Verhaltensweisen anzubahnen. Stellen Sie kurz die aufgetretene Konfliktsituation dar. Der Istwert gibt die Reaktionen des Betroffenen wieder und enthält die beteiligten Konzepte. Der Sollwert umfasst das Gegenkonzept, das dem Ratsuchenden als gangbare Alternative erscheint.

Hier ein Beispiel für die Technik des Istwertes und des Sollwertes.

Situation	Istwert	Sollwert
Herr Dr. M. hat eine neue Arztsekretärin, die seine Erwartungen nicht erfüllt.	Dr. M.: Eine solche Unkorrektheit ist bei meiner früheren Sekretärin nicht vorgekommen.	Dr. M.: Sie wissen, Sie haben sich in einen neuen Arbeitsbereich einzuarbeiten. Dies verlangt besondere Aufmerksamkeit von Ihnen. Hier gebe ich Ihnen ein Muster, wie ein solches Gutachten geschrieben wird.

Beunruhigung ertragen: Viele Menschen fürchten sich davor, mit ihren Konflikten und Problemen konfrontiert zu werden. Sie fühlen sich durch sie verunsichert, beunruhigt und leiden, wenn sie ihnen nicht ausweichen können. Psychotherapie und Familientherapie aber fordern gerade diese Konfrontation. Das ist wie beim Zahnarzt, wenn er einen von Karies befallenen schmerzenden Zahn aufbohrt. Die kurzfristige Verschlimmerung der Schmerzen lässt sich nur bedingt vermeiden. Hat aber der Zahnarzt den Zahn aufgefüllt und das entstandene Loch geschlossen, hören die Schmerzen auf.

Für das Können gibt es nur einen Beweis: das Tun.

Marie von Ebner-Eschenbach

Vor einer ähnlichen Situation steht eine Familie vor einer Familientherapie: Ihre Mitglieder leiden. Der Eingriff des Therapeuten geht nicht mit einer sofortigen Abnahme der Beschwerden, sondern einer vorübergehenden Verschlimmerung und Beunruhigung einher. Dies ist aber nicht die Folge eines therapeutischen Fehlers, sondern ein wichtiger Schritt in der Behandlung und der beste Beweis dafür, dass ein zentraler neuralgischer Punkt getroffen wurde.

Stufe 2: Inventarisierung

Auf dieser Stufe erfolgt die weitere Differenzierung der Probleme. Jetzt werden nicht nur die Schwierigkeiten, sondern auch die Vielzahl der verbindenden Elemente, die Fähigkeiten jedes Einzelnen und die gegenseitige Wertschätzung bewusst.

Folgende Fragen können Ihnen zur Klärung weiterhelfen. Notieren Sie Ihre Antworten schriftlich.

Ordnung ist die Lust der Vernunft. Unordnung die Wonne der Fantasie.
Positive Psychotherapie

Bereiche der Konfliktverarbeitung: Schreiben Sie auf, in welchen Bereichen Sie Ihre Probleme austragen. Wie verarbeitet Ihr Partner seine Probleme?

Die vier Vorbilddimensionen: Wer war Ihr Vorbild? Welche Beziehung hatten Ihre Eltern zu Ihnen und zueinander? Welches Verhältnis hatten Ihre Eltern zu anderen Menschen und Gruppen? Wie standen Ihre Eltern zu den Fragen von Religion und Weltanschauung? Wie sehen Sie die vier Vorbilddimensionen im Hinblick auf Ihren Partner?

Aktualfähigkeiten: Führen Sie für sich und ihre am Konflikt beteiligten Partner das differenzierungsanalytische Inventar (DAI, Seite 41) durch. Erläutern Sie zusätzlich zu Ihren Beurteilungen die entsprechenden Situationen. Anhand dieses Inventars der Aktualfähigkeiten können Sie feststellen, in welchen Verhaltensbereichen Sie selbst und Ihr Partner positive, in welchen Sie negative Eigenschaften haben.

Konzepte: Welches Motto oder Konzept galt bei Ihnen zu Hause? Wie sieht Ihr Konzept heute aus? Welche Konzepte hat Ihr Partner? Wer ist Ihr Lieblingsautor? Welche seiner Aussagen fallen Ihnen gerade ein, und was sagen sie Ihnen? Von wem wurden Sie bisher behandelt? Wie stehen Sie, Ihr Partner,

Ihre Eltern oder die sonst behandelnden Ärzte zur Psychotherapie?

Missverständnisse und Interaktionsanalyse: In welchen Bereichen haben Sie und Ihr Partner unterschiedliche Ansichten, die an der Entstehung des Konfliktes beteiligt sind?

Stufe 3: Situative Ermutigung

Um ein Vertrauensverhältnis aufzubauen, lernt der Betroffene bestimmte positive Eigenschaften seines Partners zu verstärken. Ferner achtet er auf eigene kritisch ausgeprägte Eigenschaften, die damit korrespondieren.

Relativität der Werte: Jeder Mensch besitzt positive und negative Eigenschaften. Was positiv und negativ ist, ist nicht absolut festgelegt, sondern hängt von den Konzepten ab, die Sie sich zum Maßstab gesetzt haben. Was Ihnen nicht gefällt, kann Ihr Partner durchaus als positiv empfinden. Fragen Sie sich, welche Ihrer Erwartungen und Einstellungen dem eigenen kritischen Verhalten und dem Ihres Partners entsprechen. Die kritischen Verhaltensbereiche können Sie mithilfe des Instrumentariums der Positiven Psychotherapie herausarbeiten.

Fallen ist weder gefährlich noch eine Schande, Liegen bleiben ist beides.
Konrad Adenauer

Situative Ermutigung: Kritisieren Sie Ihren Partner nicht. Ermutigen Sie ihn ein bis zwei Wochen lang in seinem positiven Verhalten (inhaltlich, kurz und sofort). Dadurch entwickeln Sie eine Vertrauensbasis in Ihrer Partnerschaft. Es reicht nicht, allgemein festzustellen: „Du bist ein netter Mensch" oder „Du hast schöne Augen." Es kommt vielmehr darauf an, ein konkretes (situativ: aus der Situation heraus) Verhalten oder ein aktuelles Konzept zu verstärken.

Paradoxe Ermutigung: Ermutigen Sie Ihren Partner auch in seinem kritischen Verhalten. Suchen Sie nach den positiven Aspekten, die seine „Fehler" für Sie und ihn haben. Damit wechseln Sie Ihren Standort. Während Sie bis jetzt vor allem die Unordnung Ihres Kindes gesehen haben, erkennen Sie jetzt zusätzlich die positiven Seiten seiner Unordnung: seine persönliche Art der Ordnung und den kreativen Umgang damit („kreatives Chaos").

Widerstand aufarbeiten: Oft stellt sich in dem Zusammenhang die Frage: Warum soll ich einen Partner ermutigen, mit dem ich Konflikte habe, der mich ärgert und den ich eigentlich lieber bestrafen möchte (Gerechtigkeit)? Versuchen Sie, für sich eine Antwort auf diese Frage zu finden.

Zufriedenheit ist ein Schatz, der nicht verdirbt.
Lebensweisheit

Psychoserum: Führen Sie autogenes Training, progressive Entspannung oder ein anderes Entspannungsverfahren durch. Wenn Sie sich herrlich entspannt fühlen, stellen Sie sich bildhaft die positiven Aspekte des kritischen Verhaltens vor. Ein Beispiel zur Verdeutlichung: *„Meine Depressionen sind Ablösung und Entlastung. Wenn ich mich depressiv fühle, lasse ich alle Verpflichtungen und Anspannungen, ja sogar mich selber fallen. Meine Depressionen sind das Gegengewicht zu meinem Bedürfnis, immer die Beste zu sein und das Beste zu leisten"* (38-jährige Patientin).

Geschichten als Psychoserum: Ein Großteil der Konzepte und Gegenkonzepte hat seinen Niederschlag in Spruchweisheiten und Geschichten gefunden. Deren Vorteil ist ihre plastische, lebendige Aussage. Stellen Sie sich Ihre Konzepte und Gegenkonzepte in Form von Geschichten und Spruchweisheiten vor: „Wir passen nicht zusammen, wir sind verschiedene Typen" (Konzept). „Das Gleiche bringt uns in Erstarrung. Der Widerspruch ist es, der uns produktiv macht" (Gegenkonzept).
In dieser Stufe können auch entsprechende Medikamente von

einem Therapeuten verordnet werden, wobei die Einstellung des Betroffenen zu Medikamenten wichtig ist.

Stufe 4: Verbalisierung

Auf der Basis des neu gewonnenen Verständnisses steht jetzt die eigentliche Problembearbeitung in der familiären Auseinandersetzung im Vordergrund. Die Probleme und nicht erlebten Bereiche werden konkretisiert und verbalisiert. Das hilft, um die gestörte zwischenmenschliche Beziehung aus ihrer Sprachlosigkeit und Sprachverzerrung zu befreien. Zur regelmäßigen Problembearbeitung können Partner-, Familien- oder Berufsgruppen eingerichtet werden.

Das Gespräch beginnen: Der Partner nennt seine Probleme und Wünsche. Hören Sie zu, seien Sie höflich. Fragen Sie sich und Ihren Partner, welche Bedeutung das Problem für ihn hat, seit wann er sich damit beschäftigt und wie er damit umgeht. Bevor Sie einen Rat geben, versuchen Sie, sein Konzept kennen zu lernen und ihm zu helfen, sein eigenes Konzept zu erfahren, etwa, was das für ihn bedeutet, wenn er beispielsweise übermäßig Alkohol trinkt.

Tage gehen, gesprochene Worte bleiben.
Aus Indien

Ehrlich sein: Konkretisieren Sie Ihrem Partner gegenüber Ihre eigenen Probleme: Wie stehen Sie dazu? Welche Bedeutung hat für Sie der Konflikt? Was möchten Sie damit erreichen? Welches sind Ihre neuralgischen Punkte?

Nach Lösungsmöglichkeiten suchen: Denken Sie bei der Suche nach gemeinsamen Lösungsmöglichkeiten daran, dass sowohl Sie als auch Ihr Partner Zeit brauchen, den Standortwechsel vorzunehmen. Jeder von Ihnen beiden hat seinen eigenen Willen. Wer dem anderen ehrlich gesagt hat, was er für richtig hält, muss es ihm überlassen, was er daraus macht.

Spielregeln des Gesprächs: Falsche Rücksichtnahme ist Ungerechtigkeit gegenüber dem Partner. Sie schadet Ihnen und Ihrem Partner mehr als Offenheit zur rechten Zeit. Sie sollten nicht nur Kritik üben, sondern gleichzeitig Alternativen anbieten. Und was sich von selbst verstehen sollte: Für die Beteiligten gilt Schweigepflicht.

Die Familiengruppe: Alle Familienmitglieder treffen sich regelmäßig zur vereinbarten Zeit. Dies kann einmal wöchentlich geschehen, es können aber auch zu ganz besonderen Anlässen Sitzungen einberufen werden.

Denken ohne Erfahrung ist leer, Erfahrung ohne Denken ist blind.
Immanuel Kant

Funktionsverteilung und Rollentausch: Ein Gruppenmitglied übernimmt für eine begrenzte Zeit Aufgaben und Rollenmerkmale, die bis dahin einem anderen Gruppenmitglied zukamen. So betätigt sich der Vater beispielsweise als Hausfrau, die Mutter übernimmt Planungsaufgaben, die sonst dem Mann zukamen, die Kinder übernehmen Funktionen, die sonst im Zuständigkeitsbereich der Eltern liegen, beispielsweise Haushalt, Planung und Beratung.

Stufe 5: Zielerweiterung

Durch die Lösung Ihrer Probleme gewinnen Sie Zeit und Energie für neue Vorhaben. Die Krise können Sie jetzt vielleicht als Chance sehen und sich fragen, was Sie aus dem Problem lernen konnten. Fragen Sie sich, welche Ziele und Wünsche Sie anhand der vier Bereiche der Konfliktverarbeitung für die nächsten fünf Jahre, fünf Monate, fünf Wochen, fünf Tage haben. Die Leitfrage könnte sein: Was würden Sie tun, wenn Sie keine Probleme mehr hätten?

Erweitern Sie Ihre Ziele im Bereich der Aktualfähigkeiten (welche haben Sie bisher stiefmütterlich behandelt?). Erschließen

Sie neue Möglichkeiten der Konfliktverarbeitung (welche Bereiche sind hier bisher zu kurz gekommen?). Welche Formen der Beziehung halten Sie bei sich und Ihrem Partner für entwicklungsfähig (vier Vorbilddimensionen)?
Familien-, Eltern-, Partnergruppe und Rollentausch bleiben bestehen, dienen aber nicht mehr nur der Bewältigung von Problemen, sondern auch der Erschließung neuer künftiger Möglichkeiten und Ziele.

Der Partner macht nicht mit: Was tun, wenn der Partner nicht mitmacht? Machen Sie sich klar: Sie haben eigene Interessen, Sie leben nicht nur für andere, sondern auch für sich selbst. Häufig braucht der Partner seinerseits eine gewisse Zeit, bis er Ihr Vorbild akzeptieren kann. Fragen Sie: Warum möchte der andere nicht mitmachen? Oft finden sich Hinweise auf Missverständnisse: Fühlt sich der Partner von Ihnen überrumpelt? Oder hat er einen eigenen Weg gefunden, den Sie nur schwer akzeptieren können?

Freiheit ist immer nur Freiheit des Andersdenkenden.
Rosa Luxemburg

An mich, mein Herz, meine Haut

Richtet nicht, auf dass ihr nicht gerichtet werdet. Denn mit welcherlei Gericht ihr richtet, werdet ihr gerichtet werden; und mit welcherlei Maß ihr messet, wird euch gemessen werden. Was siehest du aber den Splitter in deines Bruders Auge, und wirst nicht gewahr des Balkens in deinem Auge? Oder wie darfst du sagen zu deinem Bruder: Halt, ich will dir den Splitter aus deinem Auge ziehen – und siehe, ein Balken ist in deinem Auge? Du Heuchler, zieh zuerst den Balken aus deinem Auge; danach siehe zu, wie du den Splitter aus deines Bruders Auge ziehest!

Matthäus 7, Vers 1–5

Drei Briefe an mich selbst – Die Technik der Symptomverarbeitung

Das Aufschreiben von Beschwerden an verschiedene Organe in dem Sinn, sich diese sichtbar zu machen, bietet dem Patienten, seiner Familie und dem Therapeuten eine neue Möglichkeit der Symptomverarbeitung, die ich als eine Art „Training zur Organvisualisierung" ansehe.

Die folgenden Beispiele verdeutlichen, wie ein Brief an sich selbst aussehen könnte, um sich mit weiteren Stufen von Selbsthilfe und Therapie auseinander zu setzen.

Ein Brief an sich selbst

„Hallo, Johannes!
Ich finde es ja toll, dass du endlich einmal Zeit hast für dich selbst. Wie du das durchhältst, ständig nur für andere da zu sein, verstehe ich sowieso nicht. Aber du hast ja in der Zwischenzeit auch schon gemerkt, dass dein Körper das so nicht mehr mitmacht; deine Rückenschmerzen in den letzten Jahren hatten schon ihren Sinn!
Indem du dich überwiegend nur um andere kümmerst, gehst du deinen eigenen Problemen prima aus dem Weg. Jemand, der ständig eingespannt ist, um anderen zu helfen, wird natürlich auch in Ruhe gelassen, wenn es um „Belanglosigkeiten" geht. Wenn du dich mal umschaust, wie es um dich herum aussieht, merkst du, wo das hinführt. Einen richtigen Freund hast du ja nicht. Aber das ist ja ein Problem, das du schon sehr lange hast. Du hast schon sehr früh angefangen, für andere Verantwortung zu übernehmen, zu organisieren, hilfsbereit zu sein. Eigene Schwächen hast du überspielt und nie zugegeben. Du selbst hast lange Zeit so gewirkt, als hättest du keine großen Probleme. Wenn du aber genau hinhörst, wirst du

merken, dass viele von deinen Bekannten auch Zeit für dich haben und daran interessiert sind, was du für Schwierigkeiten hast. Wenn du es lernst, in Beziehungen nicht nur derjenige zu sein, der für jede Situation einen passenden Ratschlag hat, sondern selbst mal eigene Schwächen und Probleme zugibst und auch mal jemand anderen um Rat fragst, wirst du merken, dass sich das Verhältnis zueinander verändern wird.

Nimm nie mehr, als in deine Reisschüssel hineingeht.

Orientalische Lebensweisheit

Was deine Töchter von dir wünschen, weißt du ja. Einen Vater zu haben, der von allen bewundert wird, aber nie Zeit hat, den wollen sie nicht. Je weniger sie von deinen eigenen Schwierigkeiten mitbekommen, desto größer wird der Abstand zu dir. Und deine Frau hat dir ja auch gesagt, dass sie nicht länger diejenige sein will, die nur für den Haushalt zuständig ist. Sie braucht deine Unterstützung, um mehr Freiraum für sich zu schaffen.

Du wirst dich entscheiden müssen, wie du deine Zeit nicht nur für andere „opferst", sondern dich selber so wichtig nimmst, dass du sie mit anderen „genießt" und für dich selber nutzt. Und denke daran: „Wer selber nichts genießt, wird ungenießbar!"

Das passende Wort

Ein Herrscher aus alten Zeiten grübelte über die Fragen des Lebens nach. Weil ihn das Wesen von Gut und Böse beschäftigte, befahl er seinem Diener, die Organe zu bringen, die am besten, schönsten und wertvollsten seien. Der Diener brachte das Herz und die Zunge eines Tieres. Der Herrscher schaute sich die Organe an, dachte über deren Sinn nach und schickte den Diener nun, die hässlichsten und schlechtesten Organe zu holen. Der ging und brachte wiederum ein Herz und eine Zunge. Erstaunt fragte der Herrscher seinen Diener: „Du bringst Herz und Zunge als die besten Organe, aber auch gleichzeitig als die schlechtesten, wie kommt das?" Der Diener antwortete bescheiden: „Wenn das, was ein Mensch fühlt und denkt, offen von Herzen kommt und die Zunge nur Wahres ehrlich sagt, sind Herz und Zunge die wertvollsten Organe. Der

Mensch, dem sie gehören, fühlt sich gesund und glücklich. Wenn aber das Herz zu einer Mördergrube wurde, die Wünsche verleugnet, und die Zunge Unwahres und Falsches sagt, sind beide Organe die reine Strafe für den Menschen, dem sie gehören. Die Zwietracht, die er nach außen sät, erfüllt auch sein Inneres, und das Glück hat sich von ihm gewandt."

Ein Brief an das Herz

Eine 37-jährige Patientin, die unter starken Herzbeschwerden und Angstzuständen litt, wurde im Rahmen der fünfstufigen Positiven Psychotherapie behandelt. Nach dem Erstgespräch beschäftigte sie sich mit ihren Symptomen. Sie schrieb einen Brief an ihr Herz.

Mein liebes Herz,
warum machst du mir solche Angst? Ich habe lange Zeit gar nicht gewusst, dass es dich noch gibt, weil ich dich nicht gespürt habe. Jetzt schlägst du aber mit einer solchen Vehemenz und Frequenz, dass du mir damit schier den Atem nimmst. Ich habe schon zwei geliebte Menschen an einem kaputtgegangenen Herzen verloren, meine Mutter und ihre Mutter, meine Großmutter. Diese beide Frauen habe ich sehr geliebt und sie hatten auch immer Vorbildfunktion für mich. Als sie gestorben sind, plötzlich, sie sind einfach tot umgefallen, habe ich auch einen Teil von mir verloren. Es gab keine Zeit zum Abschiednehmen, ganz abgesehen davon, dass ich auch gar nicht räumlich anwesend war.
Und jetzt kommst du, liebes Herz, und pochst so heftig und schnell und manchmal auch ganz unregelmäßig oder stolperst so stark, dass ich Angst bekomme, du könntest jeden Moment stehen bleiben. Was willst du mir eigentlich damit sagen? Willst du mich warnen, dass ich mich nicht übernehme? Du kennst mich und weißt, dass ich mich auch über meine eigentlichen natürlichen Grenzen belaste, wenn es darum geht, das Ganze zu retten oder zu erhalten. Ich

Ein sorgloses Herz ist besser als eine gefüllte Börse.

Lebensweisheit

denke an mich selbst zuletzt, und du weißt, dass ich nicht ängstlich bin. Willst du mir mit der Angst, die du mir durch dein Verhalten machst, die Augen öffnen für den Blick auf meine Person? Oder reagierst du, weil Holger mir mit seinem Verhalten und den Aussagen bezüglich meiner Person das Herz, dich, gebrochen hat?

Es ist so schwer, den falschen Weg zu meiden.
J. W. von Goethe

Auf alle Fälle bin ich durch dein Verhalten wach geworden, im wahrsten Sinne des Wortes. Du hast mich aus dem Schlaf gerissen und mich nicht mehr einschlafen lassen. Ich bin nicht nur wach, sondern auch wachsam und misstrauisch geworden, sicherlich nicht unberechtigt. Holger hat sich so aggressiv gegen mich verhalten, dass ich Angst um mein Leben bekam. Als du damit anfingst, mich nicht einschlafen zu lassen bzw. mich lange vor dem Wecker aus dem Schlaf gerissen hast, war ich sehr verärgert über dich und habe dich – etwas übertrieben gesagt – verflucht, weil ich mich doch so sehr nach Schlaf, nach „Ausschlafen", gesehnt habe. Außerdem hatte ich auch das Gefühl, dass durch den Schlafmangel meine körperlichen Kräfte nachließen, was die Angst nach sich zog, meinen anstrengenden Beruf nicht mehr erfüllen zu können.

Heute bin ich dir dankbar, dass du mich so „gequält" hast. Du hast mir auf diese Weise geholfen, eine Entscheidung zu treffen, die ich sonst wohl nicht gewagt hätte zu treffen. Seitdem ich die Entscheidung gegen den Herzensbrecher getroffen habe, hast du dich ganz selten noch mal gemeldet. Ich danke dir für das gemeinsame Erleben und hoffe, dass du dich, wenn es nötig sein sollte, rechtzeitig wieder meldest. Ansonsten freue ich mich auf die Zeit, wo wir wieder harmonisch und fast unbemerkt miteinander leben können und du nur durch Freudenhopser wieder auffällst.

Deine Helga

Sprachbilder und Volksweisheiten

Folgende Sprachbilder und Volksweisheiten gibt es unter anderem zum Thema „Herz", welche die Bedeutung dieses Organs unterstreichen: Er oder sie hat ein weiches Herz. Ein Herz wie Butter. Sich etwas zu Herzen gehen lassen. Das Herz fällt in die Hose. Sein Herz verhärten. Etwas auf dem Herzen haben. Einem das Herz stehlen. Sein Herz an etwas hängen. Etwas nicht übers Herz bringen. Da bleibt einem das Herz stehen. Herzklopfen haben. Aus seinem Herzen keine Mördergrube machen. Ein Stein fällt mir vom Herzen. Etwas ans Herz legen. Sich ein Herz fassen.

Fragebogen zum Thema „Herz"

Folgenden Fragebogen unter Berücksichtigung der vier Bereiche „Körper/Sinne – Beruf/Leistung – Kontakt – Fantasie/Zukunft" legen wir Betroffenen vor, die Herzprobleme haben.

- Haben Sie „das Herz auf dem rechten Fleck"? Machen Sie aus „Ihrem Herzen keine Mördergrube"? Fallen Ihnen noch andere Sprichwörter zu Ihrer Erkrankung ein? Was sagen Ihnen diese Volksweisheiten?
- Wer hat Sie wann über Ihre Krankheit informiert?
- Treiben Sie Sport? Kennen Sie Intervalltraining?
- Nehmen Sie regelmäßig die verordneten Medikamente? Wie stehen Sie zur Einnahme von Medikamenten? Wissen Sie, wie die Medikamente wirken, was Sie von ihnen erwarten können und welche Nebenwirkungen möglich sind?
- Haben Sie öfters Auseinandersetzungen im Beruf? Hat dies einen Einfluss auf Ihren Herzrhythmus oder auf Ihre Angst?
- Fühlen Sie sich überfordert? Oder unterfordert?
- Schonen Sie Ihren Körper übermäßig?
- Kontrollieren Sie häufig Ihre Herztätigkeit?
- Sprechen Sie mit Ihrem Partner vorwiegend über Gesundheit und Angst? Gibt es auch andere Gesprächsthemen? (Welche?)
- Haben Sie Probleme in Ihrer Partnerschaft? Kreisen diese um „Kleinigkeiten" des Alltags? Geht es um Beziehungsprobleme wie Zeit haben, Geduld, Vertrauen, Hoffnung, Zärtlichkeit, Sexualität?

Ohne Herz hat nichts im Leben Sinn.
Aus Thailand

- Pflegen Sie Kontakte zu Menschen außerhalb Ihrer Familie?
- Kreisen Ihre Gedanken um den eigenen Körper?
- Reizt Neues und Unbekanntes Sie, das Problem zu lösen? Oder sind Vorstellungen, die die Zukunft betreffen, eher von Ängsten geprägt? Beschäftigt sich Ihre Fantasie eher mit der Vergangenheit?
- Was ist für Sie der Sinn des Lebens (Antrieb, Ziele, Motivation, Lebensplan, Sinn von Krankheit und Tod, Leben nach dem Tod)?
- Akzeptieren Sie Ihre Beschwerden auch als Chance, bisher nicht erlebte Bereiche zu entwickeln?
- Hat Ihr Partner Trennungswünsche geäußert?

Wer zur Quelle will, muss gegen den Strom schwimmen.

Hans Kühn

50 Jahre Höflichkeit

Ein älteres Ehepaar feierte nach langen Ehejahren das Fest der goldenen Hochzeit. Beim gemeinsamen Frühstück dachte die Frau: „Seit 50 Jahren habe ich immer auf meinen Mann Rücksicht genommen und ihm immer das knusprige Oberteil des Brötchens gegeben. Heute will ich mir endlich diese Delikatesse gönnen." Sie schmierte sich das Oberteil des Brötchens und gab das andere Teil ihrem Mann. Entgegen ihrer Erwartung war dieser hocherfreut, küsste ihre Hand und sagte: „Mein Liebling, du bereitest mir die größte Freude des Tages. Über 50 Jahre habe ich das Brötchenunterteil nicht mehr gegessen, das ich vom Brötchen am allerliebsten mag. Ich dachte mir immer, du solltest es haben, weil es dir so gut schmeckt."

Ein Brief an die Haut

Der folgende Brief „An meine Hände, an meine Haut" zeigt in eindrücklicher Weise, wie man Kontakt mit seinen Beschwerden aufnehmen kann.

Ihr lieben Hände!
Seit längerer Zeit denke ich über euch nach und habe den Entschluss gefasst, einen Brief an euch zu schreiben.
Vor circa neun Jahren habt ihr euch verändert. Mit eurer Haut habt ihr quälenden Juckreiz und ein Ekzem entwickelt. Sie war nicht mehr so belastungsfähig wie früher.
Immerhin war ich über zwei Jahre fast täglich chirurgisch tätig und ihr habt euch vielen und langen Waschungen unterziehen müssen. Mit der Geburt unseres ersten Kindes habt ihr euch auch verändert. Ich frage mich, welche Bedeutung diese Entwicklung hatte und noch hat. Was wollt ihr damit sagen?

Die Kraft kommt mit dem Handeln.
Positive Psychotherapie

Um euch zu schützen, benütze ich pflegende Salben, auch Handschuhe bei Hausarbeiten. Diese sind bei mittlerweile zwei Kindern in der Familie nicht zu verhindern.
Um eure heftigsten Reaktionen zu dämpfen, musste ich sogar manchmal Kortison verwenden. Ihr habt euch nicht davon abhalten lassen, mir über eure Haut zu melden: Du bist nicht im Gleichgewicht!
Was war aber vor neun Jahren? In dieser Zeit habe ich meine Berufstätigkeit aufgegeben und mich nur noch der Familie gewidmet. Durch den Abstand zwischen Wohnort und ehemaligem Arbeitsplatz konnte ich auch den Kontakt zu den Arbeitskollegen nicht erhalten.
In der Zwischenzeit habe ich die Bedeutung meines Berufes zwar erkannt (euch war diese wohl wesentlich früher klar), aber ich musste noch eine Hürde nehmen. Diese bestand darin, zu erkennen, fremde Hilfe in unser Haus zu lassen und nicht alles alleine machen zu müssen.

Der Lohn für gute Arbeit ist, dass sie getan ist.
Ralph Waldo Emerson

Das war ich bisher nicht gewohnt: Meine Mutter und auch meine Großmutter haben immer hart gearbeitet (Arbeit schändet nicht). Könnt ihr euch noch erinnern? Seit vier Jahren arbeite ich wieder drei bis vier Vormittage in der Woche und eine sehr nette Frau aus unserer Nachbarschaft ist für Matthias und Joachim da, wenn ich

außer Haus bin. Seit dieser Zeit meldet ihr euch weniger, aber immer noch. Wo sollte ich noch etwas verändern? Was könnte ich noch für euch tun?
Wenn ich zu Hause bin, fällt für euch immer noch viel an wirklich harter Arbeit an. Ihr würdet sicher auch gerne einmal für etwas anderes da sein, als so oft beim Kochen und Putzen die Hauptakteure zu sein?

Nichts bereuen, das ist der Anfang aller Weisheit.
Ludwig Börne

Übrigens haben mein Mann und ich überlegt, ob wir nicht auch beim Putzen uns auf eine fremde Hilfe einlassen können.
Ich bin auch der Meinung, ihr habt auch noch andere Fähigkeiten als bei der Arbeit mit von der Partie zu sein. Ich merke das immer wieder an Tagen, an denen es ruhiger zugeht. Da könnt ihr so wundervoll trösten und zärtlich sein, ihr könnt auch dekorativ Blumen arrangieren oder einfach nur ein Buch halten, aber auch einfach mal nichts machen, ausruhen.
All diese Erkenntnisse erfordern Veränderungen und dafür brauche ich Zeit. Ich hoffe, ihr habt noch etwas Geduld.
Ganz liebe Grüße
Eure Martina
P. S. Ganz herzlichen Dank für euer beharrliches Melden und „Funken“ über die Haut.

Sprachbilder und Volksweisheiten

Folgende Sprachbilder und Volksweisheiten, die mit der Haut in Verbindung gebracht werden, können zum Nachdenken anregen:
Das juckt mich nicht. Das geht einem unter die Haut. In dessen Haut möchte ich nicht stecken. Er/Sie fühlt sich in seiner Haut wohl. Ein dickes Fell haben. Nicht aus seiner Haut heraus können. Jemandem auf die Pelle rücken. Das kratzt mich nicht. Aufgekratzt sein. Aus der Haut fahren wollen. Sich seiner Haut wehren. Jemandem das Fell über die Ohren ziehen. Aussätzig sein. Die Haut ist der Spiegel der Seele.

Fragebogen zum Thema „Haut“

Folgender Fragebogen kann für die Auseinandersetzung mit dem Thema „Haut“ hilfreich sein.

- Reagieren Sie „gereizt“? „Juckt“ es Sie, Ihre Meinung zu sagen? Was „juckt“ Sie in Wirklichkeit? Was „geht Ihnen unter die Haut“? Fallen Ihnen noch andere Sprichwörter zu Ihrer Erkrankung ein? Was sagen Ihnen diese Volksweisheiten?
- Wer hat Sie wann über Ihre Krankheit informiert?
- Legen Sie und Ihr Partner viel Wert auf Ihr Äußeres? Spielen Make-up und Kosmetik bei Ihnen eine große Rolle?
- Nehmen Sie regelmäßig die verordneten Medikamente? Wissen Sie, wie die Medikamente wirken, was Sie von ihnen erwarten können und welche Nebenwirkungen möglich sind?
- Welchen Einfluss hat Ihre Erkrankung auf Ihren Beruf/Ihre Arbeit? Welchen Einfluss hat Ihr Beruf/Ihre Arbeit auf die Erkrankung?
- Welche Kleinigkeiten des Alltagslebens (Gerechtigkeit, Sauberkeit, Pünktlichkeit, Sparsamkeit, Kontakt usw.) gehen Ihnen „unter die Haut“?
- Wollen Sie sich „jemand vom Leibe halten“? Sucht jemand eine Beziehung zu Ihnen, die Sie nicht wünschen oder zu der Sie sich nicht in der Lage fühlen?
- Mögen Sie Zärtlichkeit und Körperkontakt?
- Möchten Sie manchmal „aus der Haut fahren“ und können doch nicht „aus Ihrer Haut heraus“?
- Welche Bedeutung haben soziale Kontakte für Sie und Ihren Partner (Gäste, Freunde, Verwandte, Nachbarn, Kollegen)? Welche Gemeinsamkeiten oder Unterschiede beobachten Sie?
- Akzeptieren Sie Ihre Haut „als Spiegel der Seele“?
- Beherrschen einseitige, negative Vorstellungen Ihre Gedankenwelt?
- Was ist für Sie der Sinn des Lebens (Antrieb, Ziele, Motiva-

Die Augen sind wenig nütze, wenn der Geist blind ist.

Lebensweisheit

tion, Lebensplan, Sinn von Krankheit und Tod, Leben nach dem Tod)?

- Akzeptieren Sie Ihre Erkrankung auch als Chance, bisher nicht erlebte Bereiche (Körper/Sinne, Beruf/Leistung, Kontakt, Fantasie/Zukunft) zu entwickeln?

An welches Organ würden Sie gerne einen Brief von circa zwei Seiten schreiben?

Kapitel 5

Das bewahrte Kind

Klein Mary war mit Ihrer Mutter am Strand.
„Mami, darf ich im Sand spielen?"
„Nein, Liebling, da machst du dir nur dein hübsches Kleid schmutzig."
„Darf ich im Wasser waten?"
„Nein, Schätzchen, da wirst du bloß nass und erkältest dich."
„Darf ich mit den anderen Kindern spielen?"
„Nein, Herzchen, da finde ich dich nicht wieder."
„Mami, kaufe mir ein Eis."
„Nein, Süße, das ist nicht gut für deinen Hals."
Klein Mary begann zu weinen.
Die Mutter wandte sich zu einer Frau in der Nähe und sagte: „Du lieber Himmel! Haben Sie schon einmal so ein neurotisches Kind gesehen!"

Mikrotraumen im Alltag

Kleinigkeiten, die nerven

Alltagskonflikte gehören zu unserem Leben. Wir nehmen sie oft wie selbstverständlich hin und erst, wenn ein bestimmter Level überschritten wird, platzt uns gewissermaßen der Kragen. Den Rest, den ertragen wir eben. Wenn wir so vorgehen, richten wir unseren Blick aber nur auf die Spitze des Eisbergs. Was für ein gewaltiger Teil an Konflikten sich unter Wasser befindet, um im Bild zu bleiben, darüber wollen wir meist lieber nicht nachdenken. All die Kränkungen, Aggressionen, Schuldgefühle, Ängste, der ganze Ärger und Druck, der auf uns lastet – all das baut sich auf den vielen scheinbar kleinen Konflikten auf, die wir anfangs meist kaum wahrnehmen. Doch es sind diese bereits beschriebenen Mikrotraumen, die uns auf den großen, zerstörerischen, kränkenden Konflikt, das Makrotrauma, vorbereiten. Er ist es, der unser Erleben und Verhalten beispielsweise bei einer körperlichen Erkrankung oder psychischen Störung beeinträchtigt. Die kleinen Konflikte sind die Tropfen, die den Stein höhlen.

Erfahrung ist nur der Name, den wir der Summe unserer Fehler geben.
Oscar Wilde

Um derartige Konflikte besser zu erkennen, habe ich eine Auswahl „kleiner" Problemsituationen dargestellt, mit denen wir uns jeden Tag von morgens bis abends, von der Geburt bis zum Tod herumschlagen.

Mikrotraumen in Familie und Erziehung

Wenn wir alltägliche Auseinandersetzungen zwischen Eltern und Kindern, unter Kindern oder zwischen Kindern und Lehrern beobachten, finden wir eine Fülle von Situationen und Inhalte für Mikrotraumen. Die folgenden Sätze stehen in Verbindung mit der jeweils angesprochenen Aktualfähigkeit.

Satz	Angesprochene Aktualfähigkeit
Komm rechtzeitig zurück!	Pünktlichkeit
Wasch dir die Hände!	Sauberkeit
Verlass dein Zimmer ordentlich!	Ordnung
Tu, was ich dir sage!	Gehorsam
Benimm dich anständig!	Höflichkeit
Sag mir die Wahrheit!	Ehrlichkeit
Er bevorzugt ein gerechtes Spiel.	Gerechtigkeit
Er scheut keine Mühe.	Fleiß
Ich stehe unter Leistungsdruck.	Leistung
Auf dich kann ich mich verlassen.	Zuverlässigkeit
Überlege genau, wofür du das ausgibst!	Sparsamkeit
Er erfüllt sein Versprechen gewissenhaft	Gewissenhaftigkeit
Bis auf das Tüpfelchen auf dem i.	Genauigkeit
Sie ist sein Ein und Alles und er würde für sie durchs Feuer gehen.	Liebe
Wenn ich groß bin, werde ich wie du.	Vorbild
Ich glaube fest an deinen Erfolg.	Glaube
Er hat seine Zeit genutzt.	Zeit
Tust du damit recht?	Zweifel
Ich vertraue dir, weil du da bist.	Vertrauen
Mir gehen manchmal die Pferde durch!	Geduld
Ich begriff endlich, was ich wollte.	Gewissheit
Er ist immer gern gesehen.	Kontakt
Hinsichtlich meiner beruflichen Ziele bin ich ganz zuversichtlich.	Hoffnung

Hier noch ein typisches Beispiel aus der Praxis, das die Bedeutung von mikrotraumatisch besetzten Aktualfähigkeiten weiter verdeutlicht.

Eine Mutter erzählt: „Ich bekomme einen Herzinfarkt, weil Gehorsam und Ordnung für meinen Sohn Markus (5 Jahre) Fremdwörter sind."
Die 27-jährige Mutter leidet an Herzbeschwerden und Depres-

sionen; ich bat sie, sich eine Woche lang das Verhalten des Sohnes zu notieren.

Sonntag: Markus sollte heute zur Prozession, entweder mit seinem Vater oder mit dem Kindergarten. Er entschied sich, mit seinem Vater zu gehen. Nur hat er nicht lange ausgehalten. Kam gleich wieder zurück. Ich habe ihn aber gleich wieder hingeschickt. Die Feier war im Park. Markus ging wohl erneut hin, aber an der Feier nahm er nicht teil. Stromerte allein durch die Gegend. Hat nur das gemacht, was er wollte. – Ordentlich war er heute. Zum Mittag zog er sich ungeheißen um. Ordnete auch seine Kleider.

Ein aufrichtiges Donnerwetter ist besser als ein falsches Vaterunser.
Lebensweisheit

Montag: Auf seine Großeltern hat er wieder überhaupt nicht gehört. Die mussten sich nur mit ihm herumärgern. Das macht ihm aber nichts aus. Sie können ihm drohen, sie würden mir alles erzählen, wenn ich nach Hause käme. Er lacht sie nur aus. Die müssten ihm mal den Hosenboden stramm ziehen. Ich glaube, das fehlt ihm. Mit der Ordnung ging es heute.

Dienstag: Nach dem Baden ging er heute im strömenden Regen auf die Straße. Ich rief mehrmals, er solle reinkommen. Er hätte doch sowieso Husten. Markus hat mich gar nicht akzeptiert. Er musste bald ins Bett, denn am Morgen stand er schon sehr zeitig auf. Nach einer Weile wollte ich nach ihm schauen, ob er schon schläft. Da hatte er sich doch seine Lego-Kiste vors Bett gestellt und das Bauen angefangen. Er lag in meinem Bett. Ich wusste gar nicht, wie ich in mein Bett kommen sollte. So hat er wieder gehaust. Ein Drunter und Drüber. Die Ordnung ließ zu wünschen übrig. Sein Zimmer und meine Küche waren nicht zu betreten. Alles flog wieder auf dem Boden herum. Egal, ob es die Bausteine waren, seine Autos und alle Teile seines Handwerkkastens. Alte Bretter und Rohre hat er wieder heimgeschleppt. Ihm gefällt das Durcheinander.

Mittwoch: Heute hat er es wieder in seinem Zimmer geschafft. Hat den Kleiderschrank ausgeräumt, Hosen und Schuhe auf

dem Boden herumgeworfen. Dazwischen lagen seine Autos und Lego-Steine. Die ganzen Plüschtiere hatte er auf dem Fell vor seinem Bett liegen. Ich war noch nicht richtig zu Hause, da holte ich ihn mir zum Aufräumen. Zuerst wollte ich es selbst machen, aber es war mir doch zu viel. Er muss es jetzt tun. Er hat ja auch das Durcheinander allein gemacht. Dazu braucht er keinen.
Donnerstag: Markus hat schon Tage sein Zimmer nicht aufgeräumt. Ihn stört das nicht. Bevor ich ins Geschäft gehe, sagte ich: „Markus, heute Abend möchte ich Ordnung antreffen. Sonst werde ich böse.“ Er hatte dann auch alles gemacht. Ich sagte: „Siehst du, wie schön du das kannst? Du hast alles prima ausgeführt. Jetzt musst du auch besser auf deine Sachen achten. So macht es dir bestimmt doch auch mehr Spaß?“ Er gab es auch zu.
Freitag: Ungehorsam war er nach dem Schlafen, wo er eigentlich doch ausgeschlafen haben musste. Die Schlafanzughosen warf er in den Hausgang, die Jacke auf den Boden in seinem Zimmer. Ich rief: „Markus, räume bitte auf. So wirft man seine Kleider nicht durch die Gegend. Du bist alt genug.“ Markus war mal wieder taubstumm, ich durfte selbst aufräumen.

Am reichsten sind die Menschen, die auf das meiste verzichten.

Rabindranath Tagore

Samstag: Heute war er wieder ein kleiner Teufel. Es hat ihm mal wieder gar nichts gepasst. Am Morgen stand er schon mit dem Vorsatz auf, nicht in den Kindergarten zu gehen. Den ganzen Tag stromerte er auf der Straße herum. Hat weder auf Opa noch Oma gehört. Sein Zimmer sowie meine Küche sahen einem Schlachtfeld ähnlich. Mein Vergnügen war, am Abend erst einmal wieder alles aufzuräumen. Er schaute brav zu und rührte sich nicht.

Bei genauer Betrachtung dieser Aussagen kann man feststellen, dass bei der Mutter gewisse Verhaltensbereiche immer wiederkehren: Ordnung, Sauberkeit, Gehorsam, Höflichkeit, Ehrlichkeit, Pünktlichkeit, Fleiß, Sparsamkeit usw. Im Rahmen des fünfstufigen Vorgehens in der Positiven Psychotherapie haben wir deshalb zunächst die Lebenssituation der Mutter geklärt und sie anschließend motiviert, die Rolle als „Therapeutin" für ihr Kind zu übernehmen.

Ordnung, Sauberkeit, Gehorsam usw. – wir gebrauchen diese und ähnliche Begriffe, um unsere Sympathie und Antipathie, unsere Zufriedenheit und Ablehnung zum Ausdruck zu bringen. Wir benötigen sie, wenn wir uns ärgern oder freuen. Sie sind der Gegenstand vieler, oft unausgesprochener Wünsche unserem Partner gegenüber. Welche Bedeutung ihnen zugemessen wird, hängt von den individuellen und kollektiven Bezugssystemen ab. Während für die eine Bezugsperson dem Fleiß besonderes Gewicht zukommt, legt die andere mehr Wert auf Ordnung, Pünktlichkeit, Höflichkeit, Ehrlichkeit und Sparsamkeit. Jeder der genannten Begriffe kann in einer breiten Stimmungsskala verwendet werden: wohlwollend, auffordernd, inständig bittend, verärgert oder verzweifelt. Es kann sogar so weit kommen, dass eine Mutter die Ordnung so ernst nimmt, dass sie aus Verzweiflung sagt:

Die schönsten Träume träumt man wach.

Orientalische Weisheit

„Mir wäre es lieber, wenn meine 17-jährige Tochter, die seit ein paar Wochen ihr eigenes Zimmer mit einer Freundin hat, schwanger wäre, als dass ich eine derartige Unordnung sehen muss. Das Zimmer sieht wie ein Schweinestall aus."

Erziehungsprobleme als Sonderfall der Probleme einer Partnerschaft werden wohl selten ausschließlich von den Kindern oder den Eltern her aktuell. Vielmehr ist die Beziehung von Kindern und Eltern zueinander zu beachten. Aus diesem Grund wird im Folgenden nicht das Kind als Erziehungsobjekt gesehen, sondern die Auseinandersetzung mit den Eltern in den Vordergrund gestellt. Dabei soll versucht werden, unter dem Aspekt der Erzie-

hung die elterlichen Probleme und partnerschaftlichen Auseinandersetzungen einzubeziehen.
Soziale Konflikte, also auch Erziehungskonflikte, gehen zum wesentlichen Teil auf unterschiedliche Einstellungen zu den sozialen Verhaltensnormen zurück.

Schritte zur Selbsthilfe

Wie reagieren Sie, wenn Sie neben jemandem sitzen, dessen Haar ungepflegt ist, auf dessen Hemd Fettflecken sind und der für Sie unangenehm riecht? Wie reagieren Sie einem Partner gegenüber, den Sie bereits mehrere Male darum gebeten haben, Ordnung zu machen, der aber alles in schönster Unordnung zurücklässt? Was denken, fühlen und sagen Sie, wenn Ihr Partner zu viel Geld ausgibt, obwohl Sie eigentlich sparen müssen? Was empfinden Sie, wenn Sie irgendjemandem etwas Wichtiges anvertraut haben, der aber Ihr Vertrauen enttäuscht?

Ich verachte alles Denken, das nicht erlebt wird.
Hans Künke

Wir sehen, dass solche Ereignisse, die uns tagtäglich begleiten, nicht spurlos an uns vorübergehen, da sie uns mit unseren Aktualfähigkeiten konfrontieren. Was wir hören, sehen, erfahren und erleben, müssen wir verarbeiten. Wenn uns jemand beleidigt, hören wir das. Unsere Sinne, hier unsere Gehörorgane, leiten die Informationen an das Gehirn weiter. Nach den vorhergehenden Informationen wird die neue Information bewertet. Wer beispielsweise das Wort „Schätzchen" in einer zärtlichen Bedeutung erlebt hat, wird sich darüber freuen, wenn man ihn „Schätzchen" nennt. Hat er aber die Erfahrung gemacht, dass das Wort „Schätzchen" herablassend und geringschätzig benutzt wird, wird er wohl an die Decke gehen, wenn man ihm sagt: „Schätzchen, koch mal eben Kaffee!" Daraus wird eines deutlich: Wie man etwas erlebt, hängt davon ab, welche Vorerfahrungen man hat, in welcher Situation das Erleben stattfindet, wer etwas sagt und auf welche Art und Weise er dies tut. All diese Informationen werden blitzschnell miteinander verrechnet.

Das Erlebnis kann bloß gespeichert werden. Es kann aber auch dazu führen, dass man sich aufregt, ärgerlich wird, Aggressionen oder Ängste entwickelt. Insgesamt spielen bei derartigen Verarbeitungen folgende Mittel eine Rolle: Sinne, Tradition, Vernunft, Intuition, Unterbewusstsein und körperliche Funktionen. Diese Entwicklungskette zeigt uns, dass wir uns in einer unangenehmen Situation nicht notwendigerweise ängstigen oder ärgern müssen. Wir können auch reagieren. Das heißt: Wir sind nicht nur das Produkt unserer Vorerfahrungen und unserer Umwelt, sondern können auch selbst unser Erleben beeinflussen. Von daher sehen wir Möglichkeiten, selber aktiv in unser Leben einzugreifen und Risikofaktoren abzubauen. Praktisch sind hier drei Schritte zu berücksichtigen:

Konflikte sind wie Regen auf trockenes Land.

Positive Psychotherapie

1. Worüber ärgere ich mich eigentlich? Was bereitet mir Angst, Unbehagen und Freude?
2. Welche Möglichkeiten habe ich, das Problem zu lösen?
3. Welche Ziele stehen hinter meinem Handeln? Was würde ich machen, wenn ich keine Probleme und Beschwerden hätte?

Folgende Beispiele können verdeutlichen, wie die oben genannten drei Schritte in der Praxis funktionieren.

Situation (Was liegt vor?)	Istwert (Wie habe ich reagiert?)	Sollwert (Wie kann ich besser reagieren?)
Klaus ist zu spät aufgestanden. Wenn er noch frühstückt, wird er zu spät in die Schule kommen. Dieses Problem hat er nicht das erste Mal. (Pünktlichkeit)	Klaus: Mama, könntest du mich schnell zur Schule fahren, sonst komme ich zu spät, und ich will noch frühstücken. – Mutter: Ja, klar, mach ich. (Sie denkt: Was soll nur die Lehrerin von uns	Mutter: Nein, kann ich nicht. Das hast du dir selbst zuzuschreiben. Du musst entscheiden, ob du auf das Frühstück verzichten oder zu spät kommen willst!

Situation (Was liegt vor?)	Istwert (Wie habe ich reagiert?)	Sollwert (Wie kann ich besser reagieren?)
	denken, wenn Klaus schon wieder zu spät kommt?)	
Stefan kleckert beim Mittagessen Sauce auf die Sonntagshose. (Sauberkeit)	Die Mutter: Kannst du denn nicht aufpassen, du Ferkel. Was meinst du, was die Reinigung wieder kostet!	Die Mutter: Na ja, das ist jetzt das erste Mal, dass dir so etwas passiert. So ein Fleck ist zwar dumm, aber so was kann passieren. Wenn du nächstes Mal eine Serviette benutzt, muss ich die Hose gar nicht in die Reinigung bringen.
Michael möchte gerne noch länger spielen als ausgemacht. (Gehorsamkeit)	Vater brüllt Michael an: So weit kommt's noch! Ich werde dir schon noch beibringen, was Gehorsam heißt! Den Nachtisch kannst du dir abschminken.	Vater: Michael, du kannst noch fünf Minuten spielen, dann gibt es Essen. Nach fünf Minuten geht der Vater ins Kinderzimmer oder ruft: Michael, die fünf Minuten sind um. Das Essen ist fertig. (Durch die Ankündigung wird Michael nicht mitten aus seinem Spiel gerissen.)
Der Ehemann hat beim Umziehen seine Socken im	Die Ehefrau: Meinst du eigentlich, ich hätte hier aufge-	Die Ehefrau: Ich würde mich freuen, wenn du deine

Situation (Was liegt vor?)	Istwert (Wie habe ich reagiert?)	Sollwert (Wie kann ich besser reagieren?)
Schlafzimmer auf dem Boden liegen lassen. (Ordnung)	räumt, nur damit der Herr des Hauses Chaos veranstaltet?	Socken in den Wäschekorb werfen würdest.
Thomas hat 5 DM aus der Haushaltskasse der Mutter gestohlen. (Ehrlichkeit)	Mutter: Du bist ein Dieb, dir kann ich nie mehr vertrauen!	Mutter: Ich bin sehr wütend und traurig darüber, dass du mir Geld weggenommen hast. Sag mir, was du damit wolltest. Wäre es nicht besser gewesen, du hättest mich darum gebeten? Ich gehe auch nicht an deinen Geldbeutel, und dasselbe erwarte ich auch von dir.
Der sechsjährige Kevin möchte für seine Mutter einkaufen gehen. (Leistung)	Mutter: Das kannst du nicht, dafür bist du noch zu klein!	Mutter: Toll! Da freue ich mich aber sehr darüber! Weißt du was, ich schreibe dir alles, was ich brauche auf einen Zettel, den gibt du der Verkäuferin. Das schaffst du bestimmt.
Die Tochter bittet um Erhöhung des Taschengeldes. (Sparsamkeit)	Der Vater lehnt ohne jede Begründung ab: Ach was, das, was du hast, reicht!	Der Vater: Lass uns mal besprechen, welche Gründe du hast, und dann entscheiden wir.

Kapitel 6

Der optimale (Ver-)Führungsstil

Ein Mensch wollt sich ein
Weib erringen,
doch leider konnt's ihm nicht
gelingen.
Er ließ sich drum, vor weit'ren
Taten,
von Frau'n und Männern
wohl beraten:

„Nur nicht gleich küssen,
tätscheln, tappen!"
„Greif herzhaft zu, dann muss
es klappen!"
„Lass deine ernste Absicht
spüren!"
„Sei leicht und wahllos im
Verführen!"
„Der Seele Reichtum lege
bloß!"
„Sei scheinbar kalt und rück-
sichtslos!"

Der Mensch hat alles
durchgeprobt;
hat hier sich dauerhaft
verlobt,
hat dort sich süß heran-
geplaudert,
hat zugegriffen und
gezaudert,
hat Furcht und Mitleid
auferweckt,
hat sich verschwiegen,
sich entdeckt,
war zärtlich kühn, ein reiner
Tor,
doch wie er's machte –
er verlor.

Zwar stimmte jeder Rat
genau,
doch jeweils nicht für jede
Frau.

Eugen Roth

Mikrotraumen in der Partnerschaft

Partnerschaft als Blume

Um Blumen zu lieben, muss man ihnen zunächst positiv gegenüberstehen. Doch das allein genügt nicht. Ihre Sympathie allein würde die Blumen dennoch welken lassen. Es gehört mehr dazu, um ihnen gerecht zu werden: Sie müssen für Wasser und Nährstoffe, saubere Luft und Sonne sorgen. Sie müssen wissen, welche Blumen Sie bevorzugen und unter welchen Umständen sie am besten gedeihen. Aber selbst dann noch können Ihre Blumen welken! Wenn Sie wirklich das Beste für Ihre Blumen wollen, müssen Sie sich auch den Rat von Fachleuten holen, von Leuten also, die selbst Erfahrung gesammelt haben. Deren Rat hilft, Fehlern in der Pflege vorzubeugen oder sie auszugleichen, Wachstumsstörungen, Mangelerscheinungen oder Folgen der Überdüngung zu korrigieren.

Das Herz ist ein Kind: Es wünscht, was es sieht.

Orientalische Lebensweisheit

Dieses anschauliche Beispiel können Sie gut auf die Partnerschaft übertragen.

Was sagen die Leute?

Ein Beispiel aus meiner Praxis soll die Bedeutung der so genannten „Kleinigkeiten" für einen Partnerschaftskonflikt verdeutlichen. Eine 32-jährige Frau hatte mich um ein psychotherapeutisches Gespräch gebeten. Der Eindruck den sie durch ihre modisch schicke Kleidung und Eleganz erweckte, wurde allerdings durch ihre etwas fahrigen Handbewegungen und motorische Unruhe gestört. Sie gab als Grund für ihren Wunsch, psychotherapeutisch behandelt zu werden, an, dass sie in der letzten Zeit kaum mit sich selbst zurechtkomme. Sie fühle sich niedergeschlagen, innerlich leer und ausgebrannt, nichts interessiere sie mehr und alles sei ihr fürchterlich gleichgültig. Ihre Klagen führten zu einem anderen Konfliktbereich: Zu ihrem Mann habe sie keine rechte Beziehung mehr und sexuell sei er ihr vollkommen gleichgültig. In der letzten Zeit müsse sie sich immer wieder überlegen, ob es nicht besser sei, sich von ihm scheiden zu lassen. In der Tat machte die Patientin einen hoffnungslosen Eindruck und schien eigentlich zu erwarten, dass man ihr mitteile, dies sei ihr Problem und man könne ihr nicht helfen.

Wir vertagten die Sitzung und machten aus, dass die Patientin das nächste Mal mit ihrem Ehemann kommen solle. Trotz ihrer Zweifel, ob es möglich sei, ihn zur Therapie zu bewegen, kamen beide pünktlich zur vereinbarten Sitzung. Hier vollzog sich ein erstaunlicher Rollentausch. Nicht die ursprüngliche Patientin klagte über ihre Leiden, vielmehr versuchte der Ehemann für sich die Patientenrolle einzunehmen, dem ich als Therapeut beistehen müsse: „Zwischen mir und meiner Frau sind zwei Wände und vier gepanzerte Mauern. Ich komme einfach nicht durch zu ihr. Ich leide darunter schrecklich." Während er dies sagte, schaute die Ehefrau weg, als interessierten sie die Klagen nicht, und korrigierte ihr Make-up.

Der Ehemann fuhr fort: „Das begann schon bald nach unserer Hochzeit. Das ist jetzt fünf Jahre her. Mich belastet das persönlich und auch beruflich. Ich bin gereizt, ungeduldig und erwische mich bei unüberlegten Handlungen, die mir früher nie unterlaufen wären." Ich forderte die beiden Patienten auf zu erzählen, welche Situationen, welche Inhalte zu den Auseinandersetzungen führten, und orientierte mich bei dem nachfolgenden Gespräch an dem Modell der vier Konfliktbereiche und dem differenzierungsanalytischen Inventar (DAI).

Die Zunge ist der Dolmetscher des Herzens.
Lebensweisheit

Die Frau nahm meine Aufforderung zum Anlass, eine Reihe von Situationen mit sehr viel Temperament zu erzählen, sodass ihr Ehemann mit seinen schwachen Protesten kaum durchkam: „Seitdem ich verheiratet bin, betrachtet mich mein Gatte als bessere Putzfrau. Früher hatte ich einen guten Posten bei der Bank. Ich konnte selbstständig mit den Leuten umgehen. Aber heute bin ich bloß dafür da, Staub zu saugen, Geschirr zu spülen und Teppichfransen gerade zu rücken." Dabei stand sie auf, ging zu dem Teppichrand im Behandlungsraum und begann, dort die Fransen zurechtzuziehen. Ihr Ehemann protestierte: „Benimm dich nicht so albern." Sie ließ sich aber nicht stören.

„Ich fühle mich wie eine Dienstsklavin. Mein Mann ist dagegen der Pascha. Er scharwenzelt in der Welt herum, macht Geschäftsreisen, trifft sich mit tausend Leuten und ich spiele hier das Aschenputtel." Hier unterbrach sie ihr Mann: „Tu doch nicht so, als wenn die ganze Schuld bei mir liegt. Ich muss schon morgens um 6 Uhr aus dem Bett. Und wann stehst du auf? Mein Frühstück muss ich mir selbst machen. Und wenn ich mittags um 11 Uhr bei dir anrufe, liegst du meistens noch im Bett." Diese Anschuldigungen schienen der Patientin zu viel. Mit mühsam zurückgehaltener Erregung und weinerlicher Stimme reagierte sie: „Das ist es ja, das ist es ja! Wenn ich frühmorgens aufwache, weiß ich, dass der ganze Tag sinnlos ist, dass ich mich mit Hausarbeiten aufreibe. Das ist einfach zu viel für mich."

Wenn Liebende sich zanken, wächst die Liebe um ein Palmblatt.

Orientalische Weisheit

An dieser Stelle gab ich zu bedenken, ob nicht eine Putzhilfe gelegentlich einspringen könnte. Die Reaktion war erstaunlicherweise Solidarität der beiden. Sowohl die Frau als der Ehemann wehrten sich gegen diesen Gedanken: „Das kostet zu viel, das geht nicht, was würden denn die Schwiegereltern dazu sagen. Denen wäre es bestimmt nicht recht." Ich wollte daraufhin wissen, wo die Schwiegereltern wohnen und wie oft sie zu Besuch kämen. „Meine Eltern wohnen circa 400 km von hier", antwortete der Mann „und sie kommen zwei- bis dreimal im Jahr zu uns." Irgendwie schien eine Diskrepanz zwischen dem tatsächlichen Einfluss der Schwiegereltern und dem Respekt des Ehepaares vor ihnen zu bestehen.

Was es damit auf sich hatte, zeigte sich im nachfolgenden Gespräch. Wir hatten uns mit dem Thema Sauberkeit und Ordnung beschäftigt und konnten feststellen, dass eigentlich beide Ehepartner ausgesprochen viel Wert auf diese Verhaltensbereiche legten, als die Patientin ein Erlebnis berichtete, das für sie große Bedeutung zu haben schien: Ein Kollege ihres Mannes war zu Besuch gekommen und sie hatte alles so weit vorbereitet. Bei einem Rundgang durch die Zimmer habe er mit den Fingern eine Möbelleiste entlanggestrichen, strafend auf den Staub geschaut und diesen dann von seinen Fingern weggeblasen mit dem Kommentar: „Als Hausfrau reißt du dir kein Bein aus." Dieses Erlebnis habe sie innerlich stark getroffen. Ähnlich machten es auch die Schwiegereltern.

Bei ihrem Mann habe sie immer den Eindruck, als versuchte er ihr irgendeinen Fehler, eine Nachlässigkeit und damit ihre Unfähigkeit als Ehefrau nachzuweisen. Ihr Mann sprang an diesem Punkt ein: „Gerade deshalb will ich auch, dass alles in Ordnung geht. Ich will nicht, dass wir beide uns vor meinen Eltern und meinen Kollegen blamieren. Wenn bei uns alles drunter und drüber geht, muss ich mich fragen, was sagen die Leute." Damit hatte der Ehemann ein Konzept formuliert, das den Schlüsselkonflikt des Ehepaares charakterisierte. Dieses „Was sagen die Leute?" war für den Ehemann der Versuch, das Wohlwollen seiner Eltern aufrechtzuerhalten, sie mit der Tatsache zu versöhnen, dass er, ihr einziger Sohn und Erbe, sie wegen einer Frau verlassen habe, und es war der Versuch zu beweisen, dass er zusammen mit seiner Frau es schon schaffen würde.

Ärger ist das Feuer des Herzens.
Lebensweisheit

Gegenüber seinen Kollegen verpflichtete ihn sein Perfektionismus, nicht nur beruflich, sondern auch zu Hause keinen Schandfleck zu zeigen. Für seine Frau galt das gleiche Konzept, allerdings unter einem etwas anderen Blickwinkel: Sie müsse sich gegenüber ihren Schwiegereltern behaupten, mit einem für sie neuen Aufgabenfeld fertig werden – womöglich ohne fremde Hilfe, was ja auch die Sparsamkeit des Paares verboten hätte – und sie hatte in der Zwischenzeit sehr viel von ihrem eigenen Selbstkonzept mit der Hausfrauenrolle verknüpft. Das

„Was sagen die Leute?“ wurde für die beiden zu einer hetzenden Hundemeute, die ihnen keine Ruhe mehr ließ und sie in einen fortwährenden angstbesetzten Spannungszustand führte, auf den die Frau reagierte, indem sie sich von ihrem Mann zurückzog und ihre Symptomatik bis hin zu einem Erschöpfungszustand steigerte.

Selbst dieser hatte in diesem Spiel eine Bedeutung: „Seht her, ich opfere mich bis zur Erschöpfung auf, mehr konntet ihr von mir nicht verlangen.“ Dieser ständige Blick nach außen auf Autoritätspersonen, die einem sagen, was richtig und was falsch ist, und denen die Macht zugeschrieben wird, eventuelle Fehler schwer zu bestrafen, bezieht sich auf zwei Dinge. Zum einen auf die Problematik des Gehorsams. Zum anderen – und diese Fragestellung wurde nun zum Angelpunkt der Therapie – ging es um das Verhältnis von Höflichkeit und Ehrlichkeit: das tun, was einem selbst richtig erscheint, auch auf die Gefahr hin, die freundlichen Blicke der anderen zu verlieren.

Der Liebe ohne Zank und Streit fehlt das Salz der Ewigkeit.
Orientalische Weisheit

Ich verschrieb dieses Gegenkonzept der Familie. Es wurde für sie zum tragenden Thema ihrer Selbstständigkeit und Unabhängigkeit. Aus dieser Position ließen sich die anderen akuten Konfliktbereiche behandeln: Die Beziehung zur Ordnung, die Leistungsorientierung, die betonte Sparsamkeit, der Verzicht auf jeden Kontakt, der nicht unmittelbar beruflich oder familiär war und nach dem „Was sagen die Leute“-Motto eine neue Bedrohung hervorgebracht hätte.

Für die Patientin waren Beispiele aus anderen Kulturen eine Entlastung. Durch sie erfuhr sie, dass es auch andere Formen der Ordnung gab, die – allerdings in einem anderen Bezugssystem – voll anerkannt waren. Im Verlaufe der Therapie, die acht Sitzungen in einem Zeitraum von vier Monaten umfasste, versuchten die beiden Partner ihr Verhältnis zueinander und zu den Schwiegereltern neu zu definieren und die permanenten Konfliktbereiche zu bearbeiten.

Für sie wie für mich war erstaunlich, dass das ursprünglich wie ein Teufelskreis anmutende Problem in dem Augenblick seine Macht verlor, als die Bedeutung der Mikrotraumen, der so genannten „Kleinigkeiten", für den Konflikt sichtbar wurde.

Praktische Konsequenzen

Im Rahmen einer Partnerschaft sind drei notwendige Schritte zu beachten.

1. *Welche Aspekte sind vor der Ehe zu beachten?* Jeder Mensch ist seinem Wesen nach fähig zur Partnerschaft. Niemand aber kann völlig unvorbereitet eine Partnerschaft eingehen. Wie wurden Sie auf Partnerschaft und Ehe vorbereitet? Wie muss Ihr(e) ideale(r) Partnerin (Partner) sein? Wie soll das Zusammenleben aussehen? Ist Ihnen bewusst, was durch Partnerschaft und Ehe auf Sie zukommt? Was wissen Sie vom Lebensplan Ihres Partners (Ihrer Partnerin)? Ist eine Annäherung der Lebenspläne vor der Ehe möglich?

2. *Welche Aspekte sind innerhalb der Ehe zu beachten?* Partnerschaft oder Ehe sind nicht dann zwangsläufig gut, wenn die Partner keine Probleme haben, sondern wenn sie mit auftretenden Problemen und unterschiedlichen Auffassungen angemessen umgehen können.
   Wie ernst nehmen Sie die „kleinen" Sorgen und Nöte Ihres Partners? Welche Aktualfähigkeiten und Lebensbereiche sind für Sie und Ihren Partner von besonderer Bedeutung? Welche führen oft zu „kleinen" Problemen? Sind Sie in Ihrer Partnerschaft glücklich oder scheint das nur so? Was unternehmen Sie für Ihre Beziehung, um glücklich zu werden? Und was, um es weiterhin zu bleiben?

Einen Menschen lieben, heisst einwilligen, mit ihm alt zu werden.
Albert Camus

3. *Welche Aspekte sind bei einer Trennung und Scheidung zu beachten?* Auch die Fähigkeit zur Trennung muss trainiert wer-

den. Können Sie erkennen, welche Lebensbereiche und Aktualfähigkeiten ihre Partnerschaft unmöglich machen? Machen Sie Unterschiede zwischen Sex, Sexualität und Liebe? Gibt es für Sie einen Lebensplan für die Zeit nach Trennung und Scheidung? Was bedeutet Trennung und Scheidung für Sie, Ihren Partner, die Kinder, die Familien, das private und berufliche Umfeld? An welche Möglichkeiten der Selbsthilfe und Therapie haben Sie bis jetzt gedacht?

Anhand der folgenden Fragen lässt sich für jede partnerschaftliche Beziehung eine Bestandaufnahme machen: Welche Formen der Partnerschaft wurden bereits erlebt? Welche Form(en) wird/werden zurzeit gelebt? Was wurde aus der(n) Beziehung(en) bisher Positives gelernt? Welche Probleme gab es? Wie könnte die ideale Partnerschaft aussehen?

Die Herzen, die sich am schnellsten geben, nehmen sich am schnellsten wieder zurück.
Aus China

Schreiben Sie zu folgenden Themen mindestens fünf Kriterien auf:
- Wie sehe ich die Partnerschaft?
- Wie sieht mein(e) Partner(in) die Partnerschaft?
- Wie ist unsere gemeinsame Sicht der Partnerschaft?

Folgende Fragen sind im Rahmen der Selbsthilfe bei partnerschaftlichen Konfliktsituationen wichtig:

- Lässt sich das Problem lösen? Will ich überhaupt etwas ändern? Habe ich schon versucht, das Problem zu lösen? Falls ja: wie? Kann mein Partner meinen Erwartungen entsprechen? Will er eine Lösung des Problems?
- Sehe ich unsere Situation klar und deutlich? Bin ich aufrichtig in dem, was ich sage? Will ich meinem Partner wirklich zuhören? Habe ich die Geduld, uns Zeit zu lassen, oder erwarte ich eine Änderung von einem Augenblick zum anderen?

- Bin ich bereit, mich zu ändern oder verlange ich ein Umdenken nur von meinem Partner? Gebe ich mir und ihm wirklich noch eine Chance? Wie halte ich es auch während eines großen Konfliktes mit der Treue?
- Bin ich bereit, vor einer endgültigen „Ent-Scheidung" für unsere partnerschaftlichen Probleme die Hilfe von Fachleuten (Ärzte, Psychologen, Psychotherapeuten oder Juristen), von Angehörigen und Bekannten in Anspruch zu nehmen?
- Wie würde ich reagieren, wenn mein Partner gesundheitliche, berufliche und finanzielle Probleme hätte? Würde ich daran denken, ihn zu verlassen? Was wäre, wenn ich/wir plötzlich nur noch mit dem Existenzminimum leben müssten? Komme ich im Alltag ohne meinen Partner zurecht oder bin ich auf ihn angewiesen?

Liebe ist ein Glas, das man zerbricht, wenn man es unsicher oder zu fest anfasst.

Orientalische Weisheit

Kapitel 7

Der Sinn einer bitteren Melone

Ein Herr hatte einen Diener, der ihm sehr ergeben war. Eines Tages gab er dem Diener eine Melone, die reif und köstlich ausschaute, nachdem sie aufgeschnitten war. Der Diener aß ein Stück, dann noch eines und noch eines mit großem Genuss, bis fast die ganze Melone aufgegessen war. Sein Herr wunderte sich sehr darüber, dass sein Diener ihm nichts anbot. So nahm er das letzte Stück, probierte es und fand die Melone übermäßig bitter und ungenießbar. „Warum ist sie bitter? Fandest du es nicht so?" fragte er den Diener. „Ja, mein Herr", antwortete der Sklave, „sie war bitter und unangenehm, aber ich habe so viel Süßes von deinen Händen gekostet, dass eine bittere Melone nicht erwähnenswert war."

Mikrotraumen und zwischenmenschliche Beziehungen

Oft steht zwischen den Zeilen mehr, als verbale Äußerungen, Berichte und Erzählungen auf den ersten Blick sagen. In Klagen, Beschwerden, ironischen Anmerkungen usw. finden sich die Aktualfähigkeiten wieder. Auch wenn wir uns dessen oft gar nicht bewusst sind, setzen wir sie regelmäßig und häufig ein und handeln nach ihren für uns gültigen Geboten. Hier ein paar typische Beispiele, die Ihnen in dieser oder ähnlicher Form sicher bekannt vorkommen. In Klammern stehen die jeweiligen Aktualfähigkeiten, die mit der Aussage angesprochen werden können.

Wenn alle Wege verstellt sind, bleibt nur noch der nach oben.
Franz Werfel

„Kein Wunder bei der Terminhetze, dass man mal auf die Tube drücken muss. Und dann war da auf schnurgerader Landstraße eine grundlose Geschwindigkeitsbeschränkung. Die reinste Abzocke! Prompt habe ich die blöde Radarfalle übersehen. Als mich die Bullen rausgewinkt haben, hab ich denen gesagt, was ich von der Wegelagerei halte. Mein Rechtsanwalt sagt, ich hätte lieber die Klappe halten sollen" (Pünktlichkeit, Zeit, Gehorsam, Höflichkeit, Sparsamkeit).

„Ein seltsamer Typ. Vermutlich ein Penner. Das schmuddelige Hemd, der ungepflegte Bart. Der torkelt ja richtig. Hoffentlich setzt er sich nicht in unser Abteil" (Sauberkeit, Höflichkeit, Prestige, Vertrauen).

„Es ist eine Frechheit, wie die mit unseren Steuergeldern umgehen. Neulich musste ich wegen einer läppischen Auskunft aufs Amt. Aber manchmal frage ich mich wirklich, wofür die Beamten ihr Gehalt kassieren. Der Typ hinterm Schalter diskutierte mindestens 20 Minuten mit seinem Kollegen über irgendeinen Blödsinn und

ich musste mir das die ganze Zeit anhören" (Ehrlichkeit, Höflichkeit, Sparsamkeit, Geduld, Zeit).

„Der war doch mit seinem Büro verheiratet. Hast du den schon mal was mit seiner Familie machen sehen? Na – der Herzinfarkt bringt ihn vielleicht zum Nachdenken" (Fleiß/Leistung, Zeit).

„Ich bin erledigt! Rennt doch meine Frau nach der Trennung zu meinem Chef und erzählt ihm brühwarm, dass ich jahrelang nebenbei schwarz gearbeitet habe. Jetzt wurde mir fristlos gekündigt und das Finanzamt bittet mich ebenfalls zur Kasse" (Ehrlichkeit, Sparsamkeit, Gerechtigkeit, Vertrauen, Hoffnung).

„Hast du gehört? Ganz in der Nachbarschaft! Da hat doch glatt einer seine Frau erwürgt, weil sie ihn betrogen hat" (Ehrlichkeit, Treue, Vertrauen, Hoffnung).

Gesagt ist gleich etwas, es bleibt jedoch immer etwas hängen.
Bernhard Samwald

„So ein Mist! Wir wollten in Urlaub fliegen. Und dann lässt meine Frau ihren Ausweis zu Hause liegen. Da stehst du dann am Flugschalter und schaust dumm" (Pünktlichkeit, Ordnung, Hoffnung).

„Mit Meiers sind wir fertig. Erst reden sie wochenlang von der großen Einweihungsparty – und dann gibt's ein bisschen Knabbergebäck und lauwarme Getränke. Und die Stimmung – Schwamm drüber. Sobald sehen die uns nicht wieder. Nach einer Stunde hat Helga Migräne vorgeschützt und dann haben wir uns aus dem Staub gemacht" (Pünktlichkeit, Sparsamkeit, Kontakt, Zeit, Höflichkeit, Ehrlichkeit).

„Sich auf diesen Handwerksbetrieb zu verlassen, ist zwecklos, vollkommen frustrierend. Kesse Werbesprüche, aber nichts dahinter! Der Service ist eine einzige Katastrophe. Am Telefon versprechen

sie dir das Blaue vom Himmel und dann kannst du ewig auf sie warten" (Pünktlichkeit, Zuverlässigkeit, Vertrauen).

„Der ist doch mit dem ICE durch die Kinderstube gerast! Die Suppe schlürft er. Dann niest er mitten in die Runde. Beim Gähnen hält er sich nicht die Hand vor den Mund – und hast du seine Fingernägel gesehen? Kohlrabenschwarz waren die" (Höflichkeit, Kontakt, Sauberkeit).

Stadien der Entwicklung

In der individuellen Entwicklung sowie in der partnerschaftlichen Situation durchläuft der Mensch verschiedene Stadien, die durch die drei Prinzipien Entwicklung/Verbundenheit, Unterscheidung und Ablösung/Identitätsfindung charakterisiert sind.

Das Prinzip der Entwicklung

In den zwischenmenschlichen Beziehungen entspricht dem Prinzip der Entwicklung *das Stadium der Verbundenheit*. Das Kind ist auf seine Eltern angewiesen. Es benötigt deren Vorbild, Geduld und Zeit. Die Eltern fühlen sich ihrerseits durch Liebe, Hoffnung, Glaube und Verantwortung dem Kind verbunden. Ähnliches findet sich in den sozialen Beziehungen, wenn wir Verantwortung für einen Menschen übernehmen, Erwartungen an ihn stellen und Hoffnungen auf ihn setzen.

Partner, die sich achten, lieben sich immer genug.

Positive Psychotherapie

Das Prinzip der Unterscheidung

Unterscheidung ist eine Grundfunktion, die sich auf die Aktualfähigkeiten zentriert. Erst durch die Unterscheidung lernt man zwischen den Triebbedürfnissen und den Erfordernissen der Umwelt zu vermitteln. Allgemein formuliert: Wir lernen, indem wir zu unterscheiden lernen. Bezogen auf die soziale Interaktion tritt das *Stadium der Warnung* in den Vordergrund. Wir lernen nicht nur, unsere Umgebung durch Versuch und Irrtum zu unterscheiden. Vielmehr sind wir zu einem erheblichen Teil auf Informationen aus der sozialen Umgebung angewiesen. Wenn wir Ratschläge geben, auf einen anderen einwirken wollen oder beabsichtigen, seine Einstellungen und sein Verhalten zu ändern, befinden wir uns im Stadium der Warnung. Dieses wird somit zum Inbegriff der sozialen Anforderungen und der Anpassung an die jeweiligen Bedingungen der Umgebung.

Das Prinzip der Einheit

Bezogen auf die Entwicklung des Menschen, innerhalb derer in jedem Entwicklungsstadium eine spezifische Einheit erreicht werden kann, bedeutet Einheit letztlich die Integration von Fähigkeiten, die eine individuelle Persönlichkeit ausmachen. Damit ist eine gewisse Autonomie verbunden, die an Bedeutung bis hin zum Erwachsenenalter zunimmt. Während einem Menschen in den frühen Abschnitten seiner Entwicklung wiederholt gesagt wurde: „Wasch dir deine Hände; mach Ordnung; sei fleißig; benimm dich anständig", benötigt er mit zunehmender Reife diese Informationen von außen nicht mehr in solchem Umfang. Er bestimmt jetzt sich selbst und entscheidet für sich und andere. Das bedeutet zugleich, dass er sich von den engeren Bezugspersonen ablöst und die Informationen, die er braucht, selbstständig sucht und selbstständig Verantwortung trägt. Wir können hier von einem *Stadium der Ablösung* sprechen, das die reifende und reife Persönlichkeit kennzeichnet.

In jedem Menschen steckt noch das Kind, das spielen will.
Johan Hutzinga

Interaktionsanalyse

Die Stadien der partnerschaftlichen Interaktion – Verbundenheit, Warnung/Differenzierung, Unterscheidung und Ablösung – geben uns einen konkreten Einstieg in aktuelle zwischenmenschliche Konflikte. Sie finden sich einerseits in der Entwicklung eines Menschen oder kennzeichnen andererseits das augenblickliche Bedürfnis eines Partners. Außerdem bestehen sie als Einstellungen, Wünsche und Erwartungen bei der jeweiligen Bezugsperson.

Anregungen für eine gelungene zwischenmenschliche Beziehung

Einige Anregungen für Selbsthilfemaßnahmen als Hilfestellungen haben wir zu den einzelnen Entwicklungsstadien zusammengefasst.

Anregungen auf der Stufe der Verbundenheit: Sprich positiv über den anderen!

Das Wort, das einen Freund verletzt, ist schärfer als das schärfste Schwert.

Orientalische Lebensweisheit

Wenn in der Partnerschaft Verbundenheitsprobleme in Form von Mutter-Sohn-Bindung, Vater-Tochter-Bindung oder Anklammerungswünsche an den Partner auftreten, sollte nicht die Verbundenheit behandelt werden, sondern die Fähigkeit zur Ablösung, die hier zum Teil noch gelernt werden muss. Solidarität ist gut. Wenn sie jedoch dazu benutzt wird, den „Angreifer“ von außen (ein anderes Familienmitglied, Lehrer, Nachbarn, andere Mitmenschen und Gruppen) herabzusetzen, unterstützt sie in einseitiger Weise eine ichbezogene Verbundenheit: Die anderen sind schlecht, der einzig wahre Freund bin ich. Im Extremfall resultiert daraus der Rückzug aus den sozialen Beziehungen, wobei die Bezugsperson als der einzig übrig gebliebene Stützpunkt verwandt wird. Die Probleme aus Schule, Partnerschaft, Ehe, Beruf, Krankheit und Tod schlagen umso intensiver auf die Bezugsperson zurück, die mit ihren gut gemeinten Akzentuierungen der Verbundenheit die Entwicklung der Ablösung verhindert hat. Daher: Sprich positiv über den anderen.

Auch der Erwachsene braucht Verbundenheit, Zuwendung, Zärtlichkeit und Partner, die sich Zeit für ihn nehmen: Vergiss nicht deinen Partner, wenn Kinder oder Besuch da sind. Verbundenheit bedeutet nicht nur, miteinander ins Bett zu gehen, sondern auch sich Zeit zu nehmen, gemeinsame Aktivitäten durchzuführen, gemeinsam zu planen und etwas miteinander zu erleben.

In Erziehung, Partnerschaft und psychotherapeutischer Praxis wird immer wieder die Forderung gestellt, man müsse sich – ganz im Sinne der Verbundenheit – mit seinem Gegenüber identifizieren. Im Hintergrund steht der Anspruch, man solle sich voll und ganz in den Partner hineindenken, hineinfühlen, hineinversetzen. So wünschenswert dies auch sein mag, so sehr kann es den einen oder anderen überfordern: Man wird mit den Eigenschaften des Partners, in den man sich hineinversetzen möchte, nicht ohne weiteres fertig, gerät in innere Konflikte und Spannungen und wehrt diese schließlich dadurch ab, dass man den Partner emotional ablehnt. Mit anderen Worten: Aus der Forderung nach totaler Identifikation wird leicht das Gegenteil, eine stark affektiv besetzte Ablehnung. Dagegen fällt es uns wesentlich leichter, wenn wir uns lediglich mit einzelnen Persönlichkeitsbereichen des Partners identifizieren und diese einfühlende Identifikation schrittweise ergänzen.

Ehen werden im Himmel geschlossen, aber auf der Erde gelebt.
Aus Frankreich

Anregungen zur Stufe der Unterscheidung: Höflichkeit und Ehrlichkeit!
Je mehr man sich in das System der Aktualfähigkeiten, der Medien der Grundfähigkeiten und der Missverständnisse hineindenkt, umso mehr ist man in der Lage, Situationen zu unterscheiden, Konflikte einzukreisen und damit angemessen auf sie einzugehen: Man beantwortet die Fragen des Partners und spricht mit ihm über Erlebnisse und Probleme, sagt, was man denkt (Ehrlichkeit/Offenheit), und zwar so, dass er es versteht und es ihn nicht verletzt (Höflichkeit).

Es ist wichtig, Anregungen, Wünsche und Anordnungen dem Partner gegenüber akzeptabel auszudrücken, sie ihm gegenüber zu begründen und auf Folgen hinzuweisen.

Man sollte nicht nur über das sprechen, was geschehen ist, sondern auch über das, was man tun kann, tun möchte und was einen selbst und den Partner in der Zukunft erwartet (Vergangenheit-Gegenwart-Zukunft).

Man muss sich darüber klar werden, warum man etwas tut, wie man ein Verhalten bewertet (eigenes und fremdes) und welche Bereiche inhaltlich davon betroffen sind (Aktualfähigkeiten). Es reicht nicht, wenn man lediglich in einzelnen Bereichen Fähigkeiten entwickelt hat und die anderen nur wenig beachtet. Es reicht nicht, wenn man zwar hoffnungsvoll ist, aber ansonsten unpünktlich, verschwendungssüchtig, ungenau oder untreu.

Unterscheiden Sie auch die anderen Aktualfähigkeiten bei sich selbst und bei Ihrem Partner. Ihr Modell ihm gegenüber legt ihm einzelne Bewertungen und Muster von Unterscheidungen nahe. Wichtig ist, wie der Volksmund sagt, sich an der eigenen Nase zu fassen: Nicht nur Ordnung verlangen, sondern selbst ordentlich sein! Nicht nur Geduld vom anderen fordern, sondern selbst üben! Es geht nicht nur darum, Störungen zu beseitigen, sondern günstige Entwicklungsmöglichkeiten zu erkennen (wo, wem gegenüber, wann) und sie zu nutzen.

Es ist das Herz, das gibt; die Finger geben nur her.
Aus Afrika

Anregungen zur Stufe der Ablösung: Gib dem Partner Zeit!
Wer nur mit seinen Eltern oder seinem Partner Kontakt hat, wird sich schwer tun, sich von ihnen zu lösen. Manchmal geschieht dies erst bei deren Tod. Die Fähigkeit zur Ablösung kann trainiert werden wie jede andere Fähigkeit auch. Ist sie nur mangelhaft ausgebildet, kann der Versuch zur Ablösung sofort durch die

Demonstration von Verbundenheit oder Unterscheidung durch den Partner erstickt werden. Andererseits erfolgt die Ablösung manchmal explosiv und ist gleichbedeutend mit der Vernichtung einer Beziehung.

Keine Partnerschaft, keine soziale Beziehung dauert ewig. Man kann sich räumlich, sozial und psychisch trennen. Wir müssen uns auch – dies ist in unser Leben programmiert – physisch trennen, durch den Tod. Auch er ist eine Form der Ablösung und bedarf der Vorbereitung, genau wie jede andere Form der Ablösung und jede andere Fähigkeit. Selbst wenn die Gemeinsamkeit im Vordergrund steht, ist die Trennung als eine mögliche Lösung der aufgetretenen Konflikte in Betracht zu ziehen. So wie wir die Fähigkeit zur Partnerschaft anstreben, streben wir auch die Fähigkeit zur Trennung an. Diese Fähigkeit ist in den verschiedenen Lebensabschnitten ein wesentliches Zeichen persönlicher Reife. Sie erscheint zumeist als Folge der Erkenntnis, nicht zueinander zu passen.

Jeder Abschied ist die Geburt einer Erinnerung.
Salvador Dalí

Was dies bedeutet, wurde bereits beschrieben: Einzelne Werthaltungen und Verhaltensweisen machen die Partnerschaft kritisch; die Belastungen, die durch diese Konflikte auftreten, sind größer als der Nutzen, den diese Partnerschaft im Erleben des Betroffenen bringt. Die Trennung ist jedoch nicht nur ein formaler Akt. Sie hängt von einer Reihe von Gegebenheiten ab, die zusammen die subjektiven Möglichkeiten der Ablösung bestimmen.
In welchen Bereichen (Körper, Leistung, Kontakt, Fantasie/Zukunft) bestehen diese Differenzen? Welche Aktualfähigkeiten enthalten Konfliktpotenziale? Welches Ausmaß haben die Konflikte? Wer betreibt die Trennung? Welche Aktualfähigkeiten werden durch den Akt der Trennung angesprochen? Zumeist spielen hier drei Aktualfähigkeiten eine Rolle: Treue, Offenheit und Gerechtigkeit. Sekundär tritt in unserem Kulturbereich, in

dem die Ehe eine wesentliche Versorgungsfunktion erfüllt, die Sparsamkeit hinzu.
Welche dieser Aktualfähigkeiten am meisten in den Trennungsprozess eingreifen, hängt genauso von den gesellschaftlichen und kulturellen Werthaltungen ab wie von den familiären und individuell verinnerlichten Normen. Sie modellieren die Oberfläche der Trennungsproblematik und bieten den Einstieg in die tiefer liegenden Probleme. Sparsamkeit gewinnt unter dem Aspekt der Gerechtigkeit an Bedeutung: Der Partner soll wenigstens für seine Trennungsabsichten oder Untreue zahlen. Das Geld kann auch zum Mittel werden, Trennung oder Scheidung unmöglich zu machen, dann nämlich, wenn man lieber mit einem ungeliebten Partner zusammenbleibt, als sich im Sinne der Sparsamkeit von seinem Geld zu trennen.
Auch hier wird das enge Wechselspiel der Aktualfähigkeiten und Lebensbereiche deutlich. Das Bedürfnis nach Gerechtigkeit und Bestrafung des „bösen" Partners kann so weit gehen, dass man selber fremdgeht, weniger mit dem Ziel des eigenen Lustgewinns, als im Hinblick auf eine mögliche Bestrafung des Partners nach dem Motto: „Auge um Auge, Zahn um Zahn".

Das Herz hat seine Gründe, von denen der Verstand nichts weiß.
Blaise Pascal

Unter solchen Umständen ist der eine oder andere sogar bereit, sich finanziell und gesundheitlich zu ruinieren, nur um unter der Forderung nach Gerechtigkeit dem anderen die Trennung so schwer wie möglich zu machen. Dabei wird in Kauf genommen, dass Dritte, zumeist die Kinder, in diesen Kampf verwickelt werden und unter den Folgen der jeweiligen Strategie zu leiden haben. Die Erkenntnisse über die Schwerpunkte ehelicher Störungen und partnerschaftlicher Schwierigkeiten befähigen die Partner, Aussöhnungsmöglichkeiten schneller und deutlicher zu erkennen, notwendige Ablösungen zu fördern und den dabei entstehenden Leidensdruck zu mildern. Klären sich bei dem einen oder anderen Partner im Vordergrund stehende Aktualfähigkeiten deutlicher ab, können die Neigungen quer zu schießen besser gesteuert werden. Auch lassen sich Kompromisslösungen fördern und Interaktionsmöglichkeiten der Partner wieder beleben, die letzten Endes immer einem gerichtlichen Urteil, das alle Beteiligten als Zwangslösung empfinden, vorzuziehen sind.

Verbundenheit, Unterscheidung, Ablösung – persönlich

Am folgenden Beispiel erkennt man, dass eine Beziehung, in der Unterscheidung und Ablösung nicht vorkommen würden, wie eine Suppe ohne Gewürze und Einlage wäre: tot, fad und langweilig. So wichtig Verbundenheit auch ist, erst die Unterscheidung und Ablösung bringen Lebendigkeit, am besten in Verbindung mit der ständigen Bereitschaft zur einvernehmlichen Konfliktlösung.

Eine harte Hand züchtet dürre Pflanzen.
Orientalische Lebensweisheit

„Meine Mutter war immer auf der Suche nach *Verbundenheit*. Diese konnte sie am besten über die Verbünde gegen etwas Fremdes oder Feindliches herstellen, beispielsweise durch Streit: Eine Person in der Familie war der Böse, eine andere wurde zwecks Herstellung von Nähe zum Verbündeten gemacht. Ablösung durfte es nicht geben, sie musste bekämpft werden. Für meine Mutter bedeutete Ablösung gleich Abwendung, Gleichgültigkeit oder Feindschaft. Verbundenheit schloss für meine Mutter Ablösung aus und umgekehrt. Ablösung löste bei ihr Angst aus. Zur Verhinderung setzte sie gerne Mittel des Stadiums der Unterscheidung und Wertungen ein: „Der ist doch ein Muttersöhnchen", „Mit einem derart unordentlichen Mann wirst du es auf Dauer nicht aushalten."
Bei meinem Mann schließt Unterscheidung Verbundenheit aus. Meinungsverschiedenheiten bezüglich Aktualfähigkeiten (z. B. Ordnung, Pünktlichkeit) sowie offene Forderung von Verbundenheit bewirken bei ihm Ablösung (z. B. Zuwendung zu Praxis

und Computer). Verbundenheit kann er nur herstellen durch Ablösung, d. h., wenn er seine eigenen Wege geht (z. B. Radtouren, Fortbildungen, Computer).
Meine Kinder befinden sich im Stadium der Unterscheidung, aber auch Verbundenheit ist immer noch sehr wichtig.
Meine Geschwister, meine Mutter und ich haben immer bei Gesprächen auf dem Umweg der gemeinsamen Unterscheidung von einem anderen Objekt Verbundenheit hergestellt, durch Schimpfen, beispielsweise auf Politiker, andere Familienangehörige, Umweltprobleme, Börse, aktuelle Ereignisse und Beteiligte. Mein Mann kann das nicht ver- und ausstehen und zieht sich von solchen Gesprächen gewöhnlich zurück.
Verbundenheit kann ich bei meinen Freunden am leichtesten herstellen, indem ich persönliches Interesse an ihnen habe und versuche, sie so zu nehmen, wie sie sind. Verbundenheit, Unterscheidung und Ablösung sollten in einer Beziehung am besten nebeneinander, d. h. sich nicht bedingend, bestehen: Durch Verbundenheit entstehen Nähe, Liebe und Zärtlichkeit in einer Beziehung.
Wie gut, dass nicht alle Menschen gleich sind. Ich kann die Werte und Konzepte meiner Mitmenschen und ihre Aktualfähigkeiten kennen lernen. Ich kann meine eigenen Grenzen kennen lernen. Ich kann durch das Kennenlernen anderer Werte und Konzepte lernen, meine eigenen zu relativieren, zu hinterfragen, ihre Wichtigkeit und ihren Nutzen für mich ergründen. Bei ständiger Bereitschaft, Konflikte in gegenseitigem Einvernehmen zu lösen, ist Unterscheidung friedlich und nützlich (Reibung erzeugt Wärme). Meist aber führt sie zu Reibereien, Kummer und Streit."

Wo man dich liebt, solltest du nicht so oft hingehen.
Aus Brasilien

Die Bereiche „Verbundenheit", „Unterscheidung" und „Ablösung" mit ihren Kernaussagen und ihren daraus resultierenden Werten

Verbundenheit	Unterscheidung	Ablösung
Wir lieben uns. Wir empfinden Zuneigung füreinander. Die Nähe verbindet uns. • Sympathie • Gemeinsamkeiten	Wir haben verschiedene Meinungen, Werte und Eigenschaften. Wir streiten uns. Wir sind bereit, Konflikte im gegenseitigen Einvernehmen zu lösen. • Reibung • Lebendigkeit	Wir dürfen auch unterschiedliche Interessen haben und uns anderen zuwenden. Die dadurch gewonnenen Erfahrungen bereichern unsere Beziehung. • Toleranz • Akzeptanz • Lebendigkeit

Kapitel 8

Der Wissenschaftler und sein Chauffeur

Ein bekannter Wissenschaftler hielt häufig vor einem großen Fachgremium Vorträge über sein Fachgebiet. Er war als Redner sehr geschätzt und die Zuhörer voll des Lobes. Zu diesen Vorträgen ließ er sich immer von seinem Chauffeur fahren, der dann in einer Ecke des Saales saß und zuhörte.
Eines Tages war der Wissenschaftler so müde, dass er sich außer Stande fühlte, seinen Vortrag zu halten und sagte zu seinem Chauffeur: „Eigentlich könnten Sie doch den Vortrag halten, sie wissen doch, was ich sonst immer sage." Der Chauffeur willigte ein, hielt den Vortrag und machte seine Sache gut. In der anschließenden Diskussion wurden Fragen gestellt, die er aber nicht beantworten konnte. Er überlegte einen kurzen Moment: „Ihre Frage ist so einfach, dass sogar mein Chauffeur die Antwort geben kann", sagte er und gab die Frage mit einer entsprechenden Handbewegung an den in einer Ecke sitzenden Wissenschaftler weiter

Mikrotraumen im Beruf

Besonders wichtig sind Aktualfähigkeiten im Berufsleben. Typische Erscheinungen dieser Fähigkeiten garantieren die Funktionsfähigkeit der heutigen Zivilisation. Deshalb sollen sie anhand der folgenden Textbeispiele dargestellt werden.

Arbeit ist die halbe Religion.
Lebensweisheit

„Ich muss unbedingt den Job wechseln. Mal abgesehen von dem lausigen Gehalt: In meiner Abteilung ist Mobbing an der Tagesordnung. Nur die Radfahrer haben beim Chef eine Chance. Aber wehe, man macht seine Arbeit ordentlich und wagt es, mal Kritik zu üben! Hintenrum – da schimpft jeder über den Alten. Der soll ja sogar was mit der Tippse aus der Lohnbuchhaltung haben. Die hättest du mal auf der Weihnachtsfeier sehen sollen. Sooo einen Ausschnitt. Aber arbeiten gesehen hab ich die noch nie richtig" (Sparsamkeit, Höflichkeit, Gerechtigkeit, Ehrlichkeit, Treue, Sexualität, Fleiß/Leistung).

„Auf Grund Ihrer überhöhten Preisvorstellung müssen wir Ihr Angebot dankend ablehnen" (Sparsamkeit, Leistung).

„Die in unserer Bestellung genannten Liefertermine sind genau einzuhalten. Für sämtliche Verluste, die uns auf Grund einer eventuellen Lieferverzögerung entstehen, müssen wir Sie haftbar machen. Sollte die Lieferung nicht bis zum 1. September erfolgen, behalten wir uns das Recht vor, die Bestellung zurückzunehmen" (Pünktlichkeit, Genauigkeit, Leistung, Sparsamkeit).

„Zu dem Unfall kam es durch nicht sorgfältig genug angezogene Radmuttern" (Zuverlässigkeit, Genauigkeit, Pünktlichkeit, Sparsamkeit, Zeit, Vertrauen).

„Mit meiner neuen Sekretärin habe ich bisher viel Glück! Die Korrespondenz erledigt sie sauber und korrekt. Ihr Schreibtisch sieht sehr ordentlich aus. Sie ist sehr pünktlich, zuverlässig und wirkt am Telefon freundlich und zuvorkommend. Ihre Ablage entspricht genau meinen Vorstellungen. Wenn ich daran denke, wie ich da bei ihrer Vorgängerin immer suchen musste!" (Sauberkeit, Ordnung, Zuverlässigkeit, Zeit, Höflichkeit, Kontakt, Genauigkeit, Vertrauen).

„Frau P., die sich als Mieterin meines Appartements beworben hat, gab Sie als Referenz an. Bitte teilen Sie mir mit, ob es sich um eine ruhige und ordentliche Mieterin handelt, mit deren pünktlicher Mietzahlung ich rechnen kann" (Höflichkeit, Vertrauen, Sparsamkeit, Pünktlichkeit).

Auch die folgenden Aussprüche weisen auf die Bedeutung von Aktualfähigkeiten hin:

Am Abend werden die Faulen fleißig.
Lebensweisheit

Erst die Arbeit, dann das Vergnügen.
Wenn's ums Handarbeiten geht, ist sie ungeheuer emsig. Aber wehe, ich will mal was von ihr.
Müßiggang ist aller Laster Anfang.
Ich stehe den ganzen Tag über unter Leistungsdruck.
Er ist ehrgeizig genug, den Meisterbrief zu machen.
Ich habe auch geschwitzt, bis ich es geschafft habe.
Unser Sohn ist in der Schule ein richtig fauler Hund.
Ordnung und Fleiß sind typisch deutsche Tugenden.
Wir sind nicht als Faulenzer auf die Welt gekommen.
Er lässt gern den lieben Gott einen guten Mann sein.
Hast du was, bist du was.

Die Überbetonung einzelner sozialer Normen wie Ordnung, Sauberkeit, Pünktlichkeit, Sparsamkeit, Gerechtigkeit, Höflichkeit usw., also sekundärer Fähigkeiten im Leistungsbereich, demonstriert der folgende Fall.

Schaffe, schaffe, Häusle baue

Ein 38-jähriger leitender Angestellter, der an starken psychosomatischen Beschwerden, innerer Unruhe, Schweißausbrüchen, Schwindelanfällen, Angstzuständen und depressiven Verstimmungen litt, kam in die Psychotherapie. Er stellte mir seine Frau vor, die ich freundlich begrüßte. Diese reagierte eher überrascht: „Sie sind ganz anders als der letzte Therapeut meines Mannes. Als ich da beim ersten Gespräch mit dabei war, hat der mich überhaupt nicht beachtet und während des Gesprächs mit meinem Mann völlig ignoriert. Zum Schluss der Sitzung fragte er in unverschämter Weise meinen Mann, ob er seine Mutter mitgebracht habe. Er solle das nächste Mal lieber allein kommen. Sie können sich vorstellen, dass mich diese Aussage sehr getroffen und verunsichert hat. Wo ich doch meinem Mann helfen und zur Seite stehen will! Ich konnte das so nicht stehen lassen und habe den Therapeuten nochmals allein aufgesucht, um ihm meine Situation und meine Gefühle der Hilflosigkeit zu schildern, wenn bei meinem Mann die Angstanfälle kommen. Seine Antwort war, er könne mir mit einer Therapie helfen, wenn dies mein Problem sei, aber er könne nicht beide zusammen behandeln."

Alles wirkliche Leben bedeutet Begegnung.
Martin Buber

Im Verlauf des Erstinterviews zeigte sich, dass die beiden Probleme bei den Aktualfähigkeiten Zeit, Ordnung, Zuverlässigkeit hatten. Ich ließ den Patienten einen durchschnittlichen Arbeitstag beschreiben und bat die Ehefrau ihn im privaten Bereich zu beobachten. So sahen die Notizen aus, die ich zur Sitzung zu lesen bekam.

„Arbeitsbeginn: 7.45 Uhr, Aufräumen des Schreibtisches. Blick auf Terminkalender und in Postmappe. FAZ, Handelsblatt und

Financial Times liegen bereit. Ich rufe über den PC einige Kurse ab.

7.55 Uhr: der erste Anruf. Ein Kunde beschwert sich zunächst, er habe mich gestern Nachmittag nicht erreichen können, da angeblich mein Telefon ständig besetzt war. Er erteilt eine Kauforder für Madrid, Annahmeschluss: 8.30 Uhr. Für diesen Auftrag brauche ich die so genannte Wertpapierkennnummer, die ich bei der Zentrale erfragen muss. Dortiger Arbeitsbeginn: 8.15 Uhr. Ich greife zur ersten Zeitung.

8.02 Uhr: der nächste Anruf. Ein Kunde möchte wissen, ob seine gestrigen Aufträge ausgeführt wurden. Ich frage meine Mitarbeiterin, weshalb noch keine Abrechnungen vorliegen. Sie sagt, heute Morgen sei noch keine Post aus Frankfurt gekommen. Ich verspreche, den Kunden zurückzurufen, sobald die Abrechnungen vorliegen. Ich lese weiter.

Der Chef kommt und bittet mich um die Zusammenstellung eines Vorgangs, der ihm während der Fahrt ins Büro eingefallen sei.

Ehe ich weiterlesen kann, klingelt wieder das Telefon. Ich notiere diverse Aufträge, die ich später weiterbearbeiten will. Erst mal Zeitung weiterlesen, um informiert zu sein. Ich lege auf, wieder klingelt es. Ein Kunde fragt mich, ob ich den Artikel über Microsoft gelesen habe, was ich verneinen muss, da ich noch keine Zeit hatte.

Stil ist richtiges Weglassen des Unwesentlichen.
Anselm Feuerbach

Es ist 8.18 Uhr, ich muss jetzt wegen der spanischen Aktie anrufen. Ich bekomme zwar die Kennnummer, kann aber meinen Auftrag nicht weitergeben, da der nächste Anruf eingeht. Es ist ein nerviger Kunde, der jeden Morgen anruft.

Mittlerweile 8.25 Uhr: Wo ist die Kollegin, die den Auftrag ins Terminal eingibt? Sie kommt gerade die Treppe hoch. Die Eingabe erfolgt um 8.28 Uhr, ich kontrolliere um 8.29 Uhr. Annahmeschluss, wie gesagt, 8.30 Uhr. Um 8.35 Uhr kommt der erste persönliche Kunde. Ich lege frustriert die Zeitung weg

Da ich zur morgendlichen Besprechung der Ressortleiter muss, verweise ich den Kunden an eine Kollegin. In der Runde sprechen wir über die nächste geplante Kundenveranstaltung. Der Chef erwartet morgen Vorschläge. Um 9.10 Uhr kehre ich an meinen Platz zurück. Es wartet bereits der nächste Kunde; er möchte nur von mir beraten werden. Während des Gesprächs ruft der Personalchef an, der dringend Angaben braucht – „möglichst vorgestern". Ende des Kundengesprächs: 9.22 Uhr.

Ich möchte jetzt schnell etwas frühstücken, doch bis 9.40 Uhr gehen noch drei Telefonate ein. Ich gehe auf die Toilette. Danach esse ich im Stehen in der Küche mein Brot, mein Tee ist noch viel zu heiß.

Lächeln ist die eleganteste Art, dem Gegner die Zähne zu zeigen.
Teilhard de Chardin

Als ich fast fertig bin, kündigt eine Mitarbeiterin den nächsten ungeduldig wartenden Kunden an. Derweil hat sich auf meinem Schreibtisch eine Menge Post angesammelt. Der Kunde geht um 10.05 Uhr. Ich greife sofort zum Telefon, da pünktlich um 10.00 Uhr ein Großkunde auf die vorbörslichen Kurse wartet. Daran anschließend sind Abrechnungen zu kontrollieren und zu unterschreiben. Bei dieser Tätigkeit werde ich viermal unterbrochen. Um 10.30 Uhr rufe ich den Kunden an, der morgens nach den Abrechnungen gefragt hatte. An einer zweifelt er den Kurs an. Ich rufe mit meinem zweiten Apparat den Börsenhändler an, der beteuert, dass der Kurs korrekt sei. Ich erkläre dem Kunden den Sachverhalt. Danach diktiere ich einer Auszubildenden zwei Briefe. Sie erweist sich eher als begriffsstutzig und verlangt meine ganze Geduld. Zwischendurch mehrere Unterbrechungen. Hier eine Unterschrift, da eine Auskunft. Falls irgend möglich, sehe ich automatisch etwa alle zehn Minuten auf einen meiner beiden Monitore, auf denen ständig Nachrichten aus Wirtschaft und Politik eingespielt werden.

Einen Teil meiner Post verteile ich, das meiste lasse ich mir aber nach verrichteter Arbeit noch einmal vorlegen, um sicherzugehen, dass alles in Ordnung ist. Jetzt gehen etliche Aufträge ein,

die unverzüglich weitergegeben werden müssen. Je nach Art des Auftrages sind die Annahmezeiten an den Börsen zwischen 11.00 und 13.00 Uhr.
Um 11.10 Uhr ruft meine Frau an, ich habe für sie keine Zeit, was mir sehr Leid tut. Ich müsste auf die Toilette, doch da kommt der nächste Kunde. Eigentlich habe ich gar keine Zeit für ihn, denn um 11.30 Uhr beginnt die Börse.
Ich versuche, das Gespräch so kurz wie möglich zu halten. Dazwischen werden mir einige Aufträge zum Kontrollieren auf den Tisch gelegt. Da ich mich mit dem Kunden unterhalten muss, kann ich die Kontrolle nicht durchführen. Ein höchst ungutes Gefühl beschleicht mich. Ich weiß von einem Fall in Süddeutschland, in dem ein unkorrekt weitergegebener Auftrag die Bank 45 000 Mark gekostet hat!
Weitere Telefonate folgen, ehe ich um 13.00 Uhr mit einem Kollegen zum Mittagessen gehe. Zum Glück können wir uns über etwas Unverbindliches unterhalten. Nach dem Mittagessen unterbreite ich noch einigen Kunden telefonische Anlagevorschläge und überlege mir Aktionen für die anstehende Kundenveranstaltung. Das wird morgen früh sicher abgefragt.
Zu der Aufstellung für den Personalchef bin ich nicht gekommen. Sie muss bis zum nächsten Morgen warten. Bis 16.30 Uhr habe ich heute 61 Telefonate und 11 persönliche Gespräche geführt.
Zu Hause kann ich mich meist sehr schnell erholen, doch nicht selten schießt mir etwa durch den Kopf, was ich dem einen oder anderen Kunden morgen anbieten kann."

Der Strebende ist Gottes Freund.

Orientalische Lebensweisheit

Die Ehefrau des Abteilungsleiters berichtet Folgendes über ihre Ehe:
„Als ich meinen Mann vor acht Jahren kennen lernte, fielen mir gleich seine Essgewohnheiten auf. Wenn es Mittag wurde, sagte er beispielsweise nicht: „Langsam bekomme ich Hunger, ich will

etwas essen", sondern er fragte: „Wie viel Uhr ist es? Was, schon 12.00 Uhr! Dann habe ich aber Hunger und muss gleich etwas essen!" Diese Gewohnheit hat mein Mann fast ganz abgelegt. Eine andere Eigenheit hat er bis heute behalten. Bis auf ein oder zwei Ausnahmen hat er stets samstags gebadet. Das soll nicht heißen, dass er seine Körperpflege aufs Wochenende beschränkt. Er wäscht und duscht sich die ganze Woche über. Es ist auch nicht so, dass der Genuss eines Bades samstags aus irgendwelchen Gründen größer wäre als beispielsweise freitags. Nein: Baden tut man eben nur samstags! Und das nicht etwa dann, wenn man Zeit hätte, nein, es muss immer genau um 19 Uhr sein! Dann erst beginnen Wochenende und Freizeit. Ich hingegen bade, wenn ich Lust darauf habe, an welchem Tag auch immer. Mich stört die Gewohnheit meines Mannes nicht, ich finde sie nur irgendwie albern."

Viele zeigen mehr Reue über eine gute Tat als über ihre vielen Sünden.
Lebensweisheit

Zentrales Thema der Paartherapie im Rahmen der fünf Stufen der Positiven Psychotherapie war es, die Missverständnisse hinsichtlich einzelner Aktualfähigkeiten (Ordnung, Zeit, Zuverlässigkeit) im Sinne von Mikrotraumen zu bearbeiten.

Praktische Konsequenzen

Die dargestellten Einstellungen wirken sich nicht nur auf das berufliche Leben aus, genauso wenig wie die Privatsphäre unabhängig vom Beruf ist. Beide Bereiche durchdringen sich gegenseitig und stehen in Wechselwirkung. Treten nun Schwierigkeiten in der Sphäre der Partnerschaft auf, sind zwei Fragen zu stellen:

1. Ist die Partnerschaft oder sind die augenblicklichen Bedingungen der Partnerschaft die Ursache für den Konflikt (Überforderung, Unterforderung, Unzufriedenheit mit dem Partner)?
2. Oder liegt vielmehr eine Störung der gesamten Persönlichkeitsstruktur im Sinne einer neurotischen Einschränkung des

Gesichtsfeldes der Werte vor, wobei die Ursachen außerhalb der Partnerschaft liegen?

Alle Menschen – trotz aller sozialen und kulturellen Unterschiede – greifen auf vier Formen der Konfliktverarbeitung zurück. Erst, wenn die vier Qualitäten des Lebens (Körper/Sinne, Leistung, Kontakt und Fantasie/Zukunft) in einem ausgewogenen Verhältnis zueinander stehen; garantieren sie ein seelisches Gleichgewicht. Die Bestrebungen aller Menschen sind letztlich auf Glück und Selbstverwirklichung ausgerichtet. Die Mittel auf dem Weg dorthin werden aber oft einseitig gewählt. Entscheidend für ein ausgewogenes Seelenleben ist die Fähigkeit, positiv und kreativ zu denken. Diese Fähigkeit ist dem westlichen Menschen nahezu abhanden gekommen, aber durchaus wieder erlernbar.

Damit das Mögliche entsteht, muss immer wieder das Unmögliche gewagt werden.
Hermann Hesse

Wenn diese Waage in der Lebenspraxis durch Flucht in die Krankheit (Körper), Flucht in die Arbeit (Leistung), Flucht in die Geselligkeit oder Einsamkeit (Kontakt), aber auch durch Flucht in Träume (Fantasie) aus dem Gleichgewicht gerät, reagiert der Mensch mit physischen oder psychischen Erkrankungen.

Im Rahmen einer Selbsthilfe können Sie sich folgende Fragen stellen und für sich schriftlich beantworten. Die Fragen orientieren sich an dem Balancemodell der Positiven Psychotherapie (Ausgewogenheit von Körper/Sinne, Leistung, Kontakt und Fantasie/Zukunft) (vgl. Seite 43).

Fragebogen nach dem Balancemodell (vgl. S. 43)

- *Wie ist Ihr Verhältnis zu sich selbst?* Wie beurteilen Sie Ihr Aussehen? Ist Ihr Körper Ihr Freund oder Ihr Feind? Nehmen Sie sich Zeit für Ihre körperlichen Bedürfnisse wie Schlaf, Nahrung, Ästethik, Bewegung und Sport, Sexualität, Körperkontakt, Zärtlichkeit, Gesundheit?

- *Wie ist Ihr Verhältnis zu Ihrem Beruf?* Sind Sie mit Ihrem Beruf zufrieden? Haben Sie den Beruf freiwillig gewählt oder wurden Sie in ihn gezwungen? Hätte es etwas anderes gegeben, was Sie werden konnten? Interessieren Sie die Aufgaben, die Ihnen gestellt werden? Arbeiten Sie nur, um Geld zu verdienen und sich etwas leisten zu können, oder ist der Beruf für Sie Sinnerfüllung und inneres Bedürfnis geworden? Haben Sie Konflikte im Beruf? Fühlen Sie sich am Arbeitsplatz über- oder unterfordert? Gefällt Ihnen zwar der Beruf, aber Sie kommen mit den Kollegen nicht aus? Wie weit leisten Sie einen Beitrag zur gesellschaftlichen Entwicklung? Inwieweit beziehen Sie ethische und moralische Fragen in Ihren Beruf ein?

- *Wie ist Ihr Verhältnis zu Ihrem Partner und zu Ihrer sozialen Umgebung?* Haben Sie einen guten Kontakt zu Ihrer Frau/Ihrem Mann, zu Ihren Kindern? Nehmen Sie sich Zeit für Ihre Familie? Haben Sie Vertrauen zu ihnen? Nehmen Sie Rücksicht auf Ihre Familie? Fordern Sie nur Gehorsam und Höflichkeit oder legen Sie Wert auf einen offenen Meinungsaustausch? Wie ist das Verhältnis zu Ihren Verwandten, Freunden und Kollegen? Wie ist das Verhältnis zu Ihren Nachbarn, Landsleuten und anderen Menschen überhaupt? Sind Sie kontaktfreudig, gesellig? Haben Sie Vorurteile, Ängste oder Aggressionen gegenüber einzelnen Personen oder Gruppen?

- *Wie ist Ihr Verhältnis zur Zukunft?* Sind Sie mit der Gegenwart zufrieden? Sehen Sie Entwicklungsmöglichkeiten oder Stillstand? Welche Ziele haben Sie? Machen Sie sich Gedanken über die Zukunft allgemein für sich, Ihre Familie, Ihre Mitmenschen, die Welt? Welche Bedeutung hat für Sie überhaupt das Leben? Wie verarbeiten Sie Schwierigkeiten, die in den anderen Bereichen auftreten? Sind Sie bereit, offen Ihre Meinung zu sagen, auch auf die Gefahr hin, die freundlichen Blicke der anderen zu verlieren? Welche Beziehung haben Sie zum musischen Bereich: Kunst, Malerei, Musik und Literatur? Wie stellen Sie sich das Leben nach dem Tode vor?

Kapitel 9

Die Krähe und der Pfau

Im Park des Palastes ließ sich eine schwarze Krähe auf den Ästen eines Orangenbaumes nieder. Auf dem gepflegten Rasen stolzierte ein Pfau. Die Krähe krächzte: „Wie kann man überhaupt einem solch merkwürdigen Vogel gestatten, diesen Park zu betreten. Er schreitet so arrogant, als wäre er der Sultan persönlich, und dabei hat er doch ausgesprochen hässliche Füße. Und sein Gefieder, in was für einem hässlichen Blau! Eine solche Farbe würde ich nie tragen. Seinen Schweif zieht er hinter sich her, als

wäre er ein Fuchs." Die Krähe hielt inne und schwieg abwartend. Der Pfau sagte eine Zeit lang gar nichts, dann begann er wehmütig lächelnd: „Ich glaube, deine Aussagen entsprechen nicht der Wirklichkeit. Was du an Schlechtem über mich sagst, beruht auf Missverständnissen. Du sagst, ich bin arrogant, weil ich meinen Kopf aufrecht trage, sodass meine Schulterfedern sich sträuben und ein Doppelkinn meinen Hals verunziert. In Wirklichkeit bin ich alles andere als arrogant. Ich kenne meine Hässlichkeiten, und ich weiß, dass meine Füße ledern und faltig sind. Gerade dies macht mir so viel Kummer, dass ich meinen Kopf hoch trage, um meine hässlichen Füße nicht zu sehen. Du missdeutest das als Arroganz. Du siehst auch nur meine Hässlichkeiten. Vor meinen Vorzügen und meiner Schönheit verschließt du die Augen. Ist dir das nicht schon aufgefallen? Was du hässlich nennst, bewundern die Menschen an mir."

Nach P. Etessami, persische Dichterin

Mikrotraumen in der Gesellschaft

Bei der Bewertung von Menschen nicht nur aus unterschiedlichen Kulturen zeigen sich eine Reihe von Missverständnissen, die im Folgenden dargestellt werden.

„Ihr seid alle die Blätter eines Zweiges
und die Früchte eines Baumes."

Eine transkulturelle Betrachtung zielt auf die in einer Kultur gültigen Konzepte, Normen, Wertvorstellungen, Verhaltensstile, Interessen und Perspektiven. Sie fasst die für eine Bevölkerung charakteristischen Wesenszüge zusammen. Dazu gehören auch Fragen wie die denkbare und zulässige Beziehung zum eigenen Körper, die Art, wie Krankheiten wahrgenommen, wie traditionsgemäß Konflikte verarbeitet werden und wie man für gewöhnlich zu Kompromissen findet.

Selbstsucht ist ein seltsamer Charakterzug, der zur Zerstörung vieler bedeutender Seelen in der Welt führt.
Abdu'l-Bahá

Was die transkulturelle Brisanz betrifft, wurden in der Bundesrepublik Deutschland mittlerweile die Gastarbeiter von den Asylbewerbern abgelöst. Zumeist handelt es sich dabei um Flüchtlinge, die sich in ihrem Heimatland aus politischen, religiös-weltanschaulichen und wirtschaftlichen Gründen in ihrer Existenz bedroht fühlen. Sie kommen meist gänzlich unvorbereitet in ein völlig anderes kulturelles System, das seinerseits trotz aller humanitären Bereitschaft nicht darauf vorbereitet ist, sie aufzunehmen. Das Dilemma der Asylbewerber: Einerseits sind sie zwar mit der politischen Situation ihres Heimatlandes nicht einverstanden. Andererseits bedeutet dies jedoch nicht gleichzeitig, dass sie auch ihre eigene kulturelle Tradition ablehnen und an deren Stelle die des Gastlandes übernehmen wollen. Dies beginnt bei Besonderheiten der Essgewohnheiten, reicht über die Einstellung zur Arbeit, der traditionellen Bedeutung der Familie und des Kontaktes zu anderen Menschen bis hin zu unterschiedlichen religiös-weltanschaulichen Überzeugungen.

Ein Tropfen Liebe ist mehr als ein Ozean an Wille und Verstand.
Blaise Pascal

Oft genug erlebe ich, dass Menschen in einer derart belastenden Lebenssituation mit Krankheiten reagieren. Die behandelnden Ärzte zeigen sich meist überfordert. Sie sprechen nicht die Sprache des Landes, kennen nicht die Sitten und Gebräuche des Patienten, seine familiäre Situation und seinen durch die Religion bestimmten Lebensrhythmus; wissen wenig vom Ausmaß der wirtschaftlichen Not und können auch den Schmerz nicht nachvollziehen, den Ablösung und Trennung von der Heimat mit sich gebracht haben. Vor diesem Hintergrund wirken Symptome oft ganz anders als bei einem deutschen Patienten. Die Folge: Hilflosigkeit des Arztes, den eine kulturelle Kluft vom Patienten trennt.

In diesem Zusammenhang stellen sich zwei grundsätzliche Fragen:
1. Was haben alle Menschen gemeinsam?
2. Wodurch unterscheiden sich Menschen voneinander?

Bei der Beantwortung dieser Fragen spielen Grund- und Aktualfähigkeiten eine entscheidende Rolle.
Es gibt keine schlechten Menschen: Wenn wir jemanden nicht leiden können, kann dies daran liegen, dass er anders aussieht, als es uns gefällt, dass er eine andere Hautfarbe oder einen anderen Gesichtsausdruck hat, dass wir bestimmte körperliche Eigenschaften nicht akzeptieren wollen. Wenn wir jemanden ablehnen, uns von ihm distanzieren und uns über ihn ärgern, so kann das darauf beruhen, dass er nicht unsere Meinung vertritt, nicht höflich genug zu uns ist, uns warten lässt oder gar versetzt,

anderweitig unzuverlässig ist oder an uns Verhaltensanforderungen stellt, die uns unbequem und ungewohnt sind.
Wenn wir einen Menschen nicht mögen, so kann es daran liegen, dass er uns einmal enttäuschte oder dass andere, uns gewogene Menschen mit ihm schlechte Erfahrungen machten und wir so unser Vertrauen in ihn verloren haben. Den Hässlichen jedoch können wir nicht hassen, weil er hässlich ist, den Unhöflichen nicht, weil er unhöflich ist, und den Unzuverlässigen nicht wegen seiner Unzuverlässigkeit. Manche, die in unseren Augen hässlich sind, erscheinen in den Augen anderer Menschen schön. Manche, die uns unhöflich erscheinen, haben lediglich die Höflichkeit, wie wir sie gewohnt sind, noch nicht gelernt. Manche, denen wir das Vertrauen entzogen haben, verdienen unser Vertrauen in anderen Bereichen und zu einer anderen Zeit. Auch die erreichte Zivilisation hat nichts mit dem Wesen des Menschen zu tun. Unsere Vorfahren kannten keine Kleider und kein Wasserklosett, benutzten die Hände statt des Essbestecks, besuchten weder Schulen noch Universitäten und waren doch Menschen, trotz aller geschichtlichen Unterschiede uns gleichwertig, genauso wie Menschen aus unserer Zeit, die auf einem anderen Entwicklungsniveau und für andere Normen stehen.

Ein Volk ist schwer zu regieren, wenn es allzu klug ist.
Aus China

Wie weit soziale Normen, das heißt die Aktualfähigkeiten, von der jeweiligen Kultur abhängig sind, zeigen die folgenden Beispiele:
Bei den Asmaten, einer Stammesgruppe im Südwesten von Neuguinea, prägt eine umfassende Mythologie die isolierte Existenz der Menschen: Um einen Gast wie das eigene Kind in die Familiengemeinschaft aufzunehmen, das heißt sich ihm zu öffnen und Einblick in den engeren, persönlichen Lebensbereich zu gewähren, läuft ein bestimmtes Ritual ab, das symbolisch dem Gast Schutz und Sicherheit bietet:
Die Ehefrau tritt nahe an den Gast heran, reicht ihm als Zeichen

ihrer Freundschaft die entblößte Brust und bedeutet ihm, daran zu trinken. Der Gast ist somit symbolisch adoptiert worden und die Gastgeber demonstrieren damit die Bereitschaft, den Gast als ihr Kind aufzunehmen und für ihn Sorge zu tragen. Der Sinn des Adoptionsfestes ist in der Beseitigung sozialer Spannungen zu sehen. Gleichzeitig aber wird mit der Adoption Verantwortung übertragen, da der Gast von nun an für das Wohl der Familiengemeinschaft einzutreten hat. Sowohl die Familie als auch der „adoptierte" Gast sind sich der gegenseitigen Pflichten und Aufgaben bewusst.

Kinder sind wie Bücher. Wir können in sie hineinschreiben und aus ihnen lesen.
Peter Rosegger

Nach meinen transkulturellen Beobachtungen besteht ein enger Zusammenhang zwischen der Beziehung eines Menschen zu partnerschaftlichen Bindungen und den in seiner Kultur üblichen Erziehungspraktiken. Eine besondere Rolle spielt die Art des Körperkontaktes im Umgang mit Säuglingen und Kleinkindern.

Bei den Indianerstämmen in Nordamerika wird das Kind in seinen ersten drei Lebensjahren auf dem Rücken der Mutter getragen. In der Rückentrage ist es der Außenwelt zugewandt. Bei Erwachsenen dieses Stammes fällt eine gewisse Weltoffenheit auf und die Fähigkeit, Einsamkeit zu ertragen.

Die Massai in Kenia tragen ihre Kleinkinder ebenfalls auf dem Rücken, jedoch mit dem Gesicht der Mutter zugewandt. Bei diesen Menschen ist eine intensive Verbundenheit zum eigenen Stamm und gegenüber der Tradition zu beobachten.

In Indien wird das Kind bereits unmittelbar nach der Geburt so gebettet, dass ein Gesichtskontakt mit der Mutter möglich ist. Später trägt die Mutter das Kind in einem Tuch vor der Brust, auch hier das Gesicht ihr zugewendet.

In Mitteleuropa wird das Kind bereits sehr früh in ein zumeist sehr schön eingerichtetes und oft reichlich mit Übergangsobjekten wie Puppen und Teddybären ausgestattetes Zimmer gelegt. Dahinter steht die Vorstellung, eine intensive Nähe könne das Kind verwöhnen und eine zu intensive, gewissermaßen pathologische Abhängigkeit fördern. Man fürchtet, die Selbstständigkeit des Kindes könne behindert werden. Auf diese Art und Weise lernt es anders als die Kinder der vorher beschriebenen Kulturen recht ambivalent und kritisch die Beziehungsqualitäten von Nähe und Verbundenheit zu erleben.

Die vorherrschende Tendenz zur Verbundenheit im Orient bringt es mit sich, dass die emotionalen Bezüge relativ weit gestreut sind. Es gibt nicht nur den Ehemann, sondern auch die Eltern, die Geschwister, die Cousins, die Cousinen, Freundinnen und Freunde. Wenn ein Ehemann wenig Zeit hat, kann seine Frau ihr Kontaktbedürfnis dadurch befriedigen, dass sie Bekannte besucht oder zu sich einlädt.

Wenn man etwas für recht hält, muss man es auch tun.

Hermann Hesse

Im Kontrast dazu steht im europäischen Bereich die Konzentration auf den jeweiligen Ehepartner, der in nicht seltenen Fällen die ausschließliche Kontaktperson ist. Die anderen sozialen Bezüge treten in den Hintergrund. Ein Mann, der wenig Zeit für seine Frau hat, löst schwere Konflikte aus, denn er isoliert seine Partnerin durch seinen Rückzug nahezu vollends. Dies mag der Grund für viele Depressionen, Ängste und Scheidungen sein.

Während im Orient eine Flucht in die Geselligkeit zu beobachten ist, reagiert man in Europa, vor allem in Deutschland, durch Flucht in die Einsamkeit. Die Reaktion entsteht aus der sozialen Isolation und der geringeren gesellschaftlichen Bewertung der Verbundenheit. Man macht hier aus der Not eine Tugend und propagiert die Einsamkeit als Stärke.

Die Über- und Unterbetonung von Aktualfähigkeiten sind Inhalte der Konflikte in verschiedenen Kulturen. Das mag sich für einen Europäer zum Beispiel so auswirken:

Wer im Glashaus sitzt, soll nicht mit Steinen werfen.
Orientalische Lebensweisheit

„Nie wieder in dieses Land! Am Strand haben sie uns das Liegetuch geklaut, vor dem Hotel sah es aus wie auf einer Müllhalde. Bei einem Ausflug haben wir gesehen, wie Einheimische rotzfrech an eine Hauswand gepinkelt haben, direkt neben einem Gemüsestand. Die Ärmsten leben in Wellblechhütten und gleich um die Ecke hat es den totalen Prunk. Und die Kinder – eine einzige Bettelei! Wenn du denkst, die Polizei kümmert sich darum – Pustekuchen! Wehe, du hast ein Problem, da kommst du nur mit Schmiergeld weiter" (Ehrlichkeit, Sauberkeit, Höflichkeit, Ordnung, Gerechtigkeit, Vertrauen, Geduld).

„Dieses Gasthaus ist echt das Letzte. Das fing schon mit der unfreundlichen Bedienung an. Aufs Essen mussten wir fast eine Stunde warten – und dann schmeckte es nach nichts. Dafür war die Tischdecke schmutzig. Als dann die Rechnung kam, blieb mir fast die Spucke weg" (Höflichkeit, Zeit, Pünktlichkeit, Geduld, Sauberkeit, Sparsamkeit).

Bei der Bewertung von Menschen nicht nur aus unterschiedlichen Kulturen zeigen sich eine Reihe von Missverständnissen, die im Folgenden dargestellt werden.

Einzigartigkeit oder Gleichförmigkeit?

Die Arbeit eines Erziehers gleicht der eines Gärtners, der verschiedene Pflanzen pflegt. Eine Pflanze liebt den strahlenden Sonnenschein, die andere den kühlen Schatten; die eine liebt das Bachufer, die andere die dürre Bergspitze. Die eine gedeiht am besten auf sandigem Boden, die andere in fettem Lehm. Jede muss die ihrer Art angemessene Pflege haben, andernfalls bleibt ihre Vollendung unbefriedigend. (Aus den Bahà'i-Schriften)

Eine 34-jährige Mutter berichtet von der Erziehung ihrer Kinder: „*Wenn mich was ärgert, werfe ich zum Beispiel meiner neunjährigen Tochter vor: „Schau mal wie geduldig dein Bruder ist und wie schön er mit seinen Autos spielt. Du dagegen alberst nur rum wie eine Fünfjährige.“ Zu meinem Sohn sage ich: „Deine Schwester ist mit sechs Jahren schon allein geblieben oder ist für mich einkaufen gegangen. Du hängst noch wie ein Baby an meinem Rockzipfel.“ Bei jeder Gelegenheit hielt ich meinen Kindern vor, was andere Kinder besser machen. Dies machte ich so lange, bis sie die betreffenden Kinder zu hassen begannen.*“

Ein Mann beklagt sich: „*Warum ist meine jetzige Frau nicht so wie meine verstorbene Frau?*“

Wer andere unglücklich macht, gibt gewöhnlich vor, ihr Bestes zu wollen.

Luc de Clapier Vauvenargues

Typisch für diese Beispiele: Der Partner wird in seiner Einzigartigkeit verkannt. Es wird der Versuch unternommen, ihn mit anderen zu vergleichen. Dieser Versuch erscheint im Großen und Ganzen legitim, wenn er sich auf einzelne Fähigkeiten bezieht. Das Leistungssystem unserer Zivilisation, vom Kindergarten bis zum Beruf, beruht auf dieser Vergleichbarkeit. Aber gerade dieses System gibt Anlass genug, sich darüber Gedanken zu machen. Die tägliche Erfahrung zeigt, dass Menschen, obwohl sie untereinander eine gewisse Ähnlichkeit haben, sich in unzähligen Einzelheiten voneinander unterscheiden. Diese Unterschiede treten in den Bereichen des Körpers, der Umwelt und der Zeit auf.
Wie unsere Beispiele zeigen, ist die Einzigartigkeit vom Entwicklungsstand eines Menschen abhängig. Der Begriff der Einzigartigkeit soll jedoch nicht dazu dienen, alle möglichen auftretenden Entwicklungsstörungen zu verdecken. Deshalb lässt sich die Entwicklung eines Menschen erst dann verstehen, wenn man dessen Einzigartigkeit mit dem zu erwartenden Entwicklungsverlauf, den die Entwicklungspsychologie und -physiologie beschreibt, vergleicht.

Einmaligkeit ist Einzigartigkeit, abhängig von der Zeit. Wenn ein Kind lügt, kommt es auf das Verhalten der Eltern an, welche Konsequenzen dies für die spätere Entwicklung des Kindes hat. Wird das Verhalten des Kindes unter dem Aspekt der Zeit gesehen, erkennt man seine Einmaligkeit: Das Kind kann morgen, übermorgen oder nächstes Jahr bei veränderter Umweltsituation ein anderes Verhalten zeigen. Wird die Einmaligkeit verkannt, wird eine Situation der Einzigartigkeit angelastet, so verwechselt man ein konkret-situatives Verhalten eines Kindes mit seinem Wesen.

Um etwas richtig zu beurteilen, muss man Abstand nehmen, nachdem man es geliebt hat.
André Gide

Daher kann eine Bezugsperson Verhaltensauffälligkeiten unterschiedlich auffassen. Eine Enttäuschung beispielsweise braucht somit nicht notwendigerweise als solche erlebt werden, sondern kann ebenso gut zu erweiterter Erkenntnis führen. Die Fähigkeit, über die Gegenwart hinauszugehen, beinhaltet zugleich die Fähigkeit, einen Menschen, über den man sich ärgert und den man sogar hasst, dennoch zu akzeptieren. Man behält somit die Flexibilität, entsprechend einer neuen Situation zu handeln, welche die alte in einem anderen Licht erscheinen lässt.

Vergleicht man sich oder seinen Partner mit anderen, reicht es nicht aus, nur von einer einzigen Fähigkeit auszugehen. Vielmehr ist es nötig, die Einzigartigkeit eines Menschen mit ihren Bedingungen in verschiedenen Bereichen einzubeziehen: Wenn man zwei Menschen gleich behandelt, tut man mindestens einem Unrecht!

Eigenständigkeit

An einem Weiher stand eine mächtige Eiche, davor ein Schilfrohr, das sich im Winde bewegte. Die Eiche sprach: „Warum stehst du nicht so fest, wie ich es tue?" Das Rohr antwortete: „Ich bin nicht so stark und eigenständig wie du." „Also bekennst du", sagte die Eiche, „dass ich stärker bin als du?" Danach kam ein ungestümer

Wind auf. Die Eiche wollte sich nicht neigen, und der Wind riss sie aus der Erde und warf sie nieder. Das bewegte Schilfrohr aber ließ er stehen.

Angeboren oder erworben?

„Meinem Sohn brauchte ich Ordnung gar nicht erst beizubringen, die hat er von Geburt an." Wir alle kennen das Ratespiel, in dem gefragt wird, wem ein Kind ähnlicher sieht, von wem es gerade diese oder jene gute oder schlechte Eigenschaft geerbt hat. Wenn ein Kind besonders träge oder besonders temperamentvoll ist, wenn es seinen Dickkopf zeigt, lügt, stiehlt oder gute Umgangsformen an den Tag legt, ausgezeichnete Schulnoten erzielt, ordentlich ist, findet sich bestimmt jemand, eine Großmutter, Tante oder alte Bekannte, die genau weiß, von wem das Kind das hat. Unwillkürlich nimmt man das Kind im Sinne eigener Erwartungen wahr.

Der Teufel zerstört nicht sein eigenes Haus.
Lebensweisheit

Die Vererbungsideologie wird hier zur Rationalisierung und zur Ausrede. Die Bedeutung der wissenschaftlichen Vererbungsforschung wird durch diese Feststellung jedoch nicht im Mindesten eingeschränkt.

Eine Untersuchung förderte Folgendes zu Tage: Drei Gruppen von Kindern, bei denen die Eltern ursprünglich aus etwa der gleichen sozialen Schicht stammten, wurden miteinander verglichen. Die erste Gruppe umfasste Kinder, die in normalen Familiensituationen aufwuchsen. In der zweiten Gruppe befanden sich Kinder, deren Mütter Gefängnisinsassinnen waren (Mütter und Kinder konnten täglich etwa zwei Stunden zusammen sein). Kinder aus Waisenhäusern stellten die dritte Gruppe. Nur die notwendigsten Bedürfnisse dieser Kinder wurden gestillt. Die Kinder der letzten Gruppe zeigten die größte Sterblichkeitsrate, waren später vermehrt auffällig und wiesen die niedrigsten Intelligenzleistungen im Vergleich zu den übrigen beiden Gruppen auf. Kinder, die in der normalen Familiensituation aufwuchsen, schnitten hinsichtlich Intelligenz und des körperlichen Zustandes am besten ab und waren emotional am wenigsten störanfällig. Aus diesen Versuchen lässt sich eine Tatsache klar und deutlich ablesen: Die Erziehung bestimmt wesentlich die Entwicklung des Menschen.

Jedem Menschen ist eine Fülle von Fähigkeiten angeboren. Welche Fähigkeiten aber entwickelt oder nicht entwickelt werden, hängt letztlich von dem fördernden oder hemmenden Einfluss der Umwelt ab.

Wer keine Zeit hat für andere, ist ärmer als ein Bettler.
Aus Nepal

Der Erzieher kann sich aber nicht auf der Feststellung, etwas sei angeboren, ausruhen. Es kommt vielmehr darauf an, die Chancen, die trotz oder wegen einer Störung in einem Bereich bestehen, zu erkennen und zu nutzen.

Urteil oder Vorurteil?

„Ich kann Rothaarige nicht leiden."

Das wohl gängigste Missverständnis in sozialen Beziehungen ist das Vorurteil. Einstellungen, die auf Grund bestimmter Erfahrungen gewonnen wurden, werden durch Verallgemeinerung, Identifikation und Projektion auf andere Situationen übertragen. Selbst wenn sie zu einem damaligen Zeitpunkt ihre Gültigkeit besaßen, besteht keine Notwendigkeit, dass sie ungeprüft auch jetzt Gültigkeit besitzen müssen. Das Vorurteil ist somit ein Urteil, das vor der Überprüfung der Tatbestände gefällt wird und mit Affekten besetzt ist.

Das rothaarige Mädchen

In eine therapeutische Gruppe neun- bis zwölfjähriger Kinder sollte ein Mädchen eingeführt werden. Die Gruppe wurde gefragt, ob sie mit der Aufnahme dieses neuen Mitgliedes einverstanden sei. Von sieben Teilnehmern verneinten drei. Die Analyse der ablehnenden Haltungen zeigte: Ein Junge hatte, wie er selbst sagte, schlechte Erfahrungen mit Mädchen. Ein Mädchen hatte ihm ungerechtfertigt eine Ohrfeige gegeben, als er es auf dem Schulhof unbeabsichtigt gerempelt hatte und dabei den Milchbeutel, den sie in der Hand hielt, herunterwarf.

Ein Mädchen störte sich an den roten Haaren der „Neuen". Ihre Großmutter hatte früher ein rothaariges Dienstmädchen, auf das sie eifersüchtig war und wiederholte vor dem Mädchen ihre Abneigung gegen Rothaarige. Das zweite ablehnend eingestimmte Mädchen hatte eine Schwester, die ihm die Mutter vorzog.

Unsere Urteile, Vorurteile und Einstellungen gehen nicht nur auf bewusste, persönliche Entscheidungen zurück; sie basieren vielmehr auf Impulsen, Anregungen und unbewussten Motivationen, welche uns vor allem in einer Phase einprogrammiert wurden, zu der wir jetzt als Erwachsene zumeist keinen direkten Zugang mehr haben.

Ein Vorurteil ist ein unzeitgemäßes Urteil, das zumeist stark mit Gefühlen besetzt ist. Auf Vorurteilen basieren viele zwischenmenschliche Konflikte. Erziehungsprobleme sind oft nicht unausweichliches Schicksal oder das Produkt eines bösen Willens, sondern die Folge des Teufelskreises von Vorurteilen.

Erkenne erst deine eigenen Fehler, und verbessere dann die meinen.

Aus Brasilien

Politische Verantwortung

Die transkulturelle Begegnung fällt arbeitsteilig zunächst in das Ressort der Politiker, die es sich, wie auch immer legitimiert, zu ihrer Sache gemacht haben, für andere Entscheidungen zu treffen und für die Gruppe, die sie repräsentieren, politisch Verantwortung zu tragen. Sie haben damit für uns sogar lebenswichtige Aufgaben übernommen. Ihr Handlungsspielraum ist mehrfach determiniert: durch ihre kurzfristigen und langfristigen Ziele, durch die damit verbundenen vorherrschenden Ängste und durch die eigenen persönlichen Fähigkeiten und Probleme.

Die Handlungen eines Politikers werden dadurch mitbestimmt, zu welcher Zeit er in welcher Kultur aufgewachsen ist, welches Maß an emotionaler Wärme und Vorbild ihm seine Familie gab, welche Beziehungen er zu seinen Mitmenschen entwickeln konnte und welche Bedeutung somit Menschen für ihn haben. Weiterhin sind ausschlaggebend die Sinnvorstellungen, die er aus seiner Religion und Weltanschauung erhält, und das Instrumentarium an Wissenschaft und Technologie, das ihm zur Verfügung steht.

Konsequenzen

Die Entwicklung der heutigen Zeit führt dazu, dass sich der Politiker mit den transkulturellen Problemen beschäftigen muss. Diese Überlegungen beschränken sich aber nicht ausschließlich auf ihn. Da der Mensch als soziales Wesen sein Leben nur mit den anderen Menschen zusammen gestalten kann, kommt jedem ein politisches Mandat zu. Aufgaben lassen sich delegieren, Verantwortungen nicht.

Jeder möchte die Friedenspfeife rauchen, aber keiner will den Tabak holen.
Aus Brasilien

Die Verwirklichung des Weltfriedens ist eine dringende Notwendigkeit unserer Zeit. Solange die derzeitigen Verhältnisse bestehen bleiben, ist kein glücklicher Zustand für den Menschen zu erreichen. Ziel eines solchen Vorgehens kann es aber nicht sein, auf seine kulturellen, gruppenspezifischen, familiären und persönlichen Eigenarten zu verzichten. Vielmehr erscheint gerade die Verwirklichung der individuellen wie auch kulturellen Einzigartigkeit wichtig, wenn auf der anderen Seite Möglichkeiten bestehen, die auftretenden Konflikte zu verarbeiten. Auf die Sprache übertragen: Es ist wichtig, dass jeder seine gelernte Sprache beibehält, aber er sollte auch eine Sprache sprechen können, durch die er sich mit den anderen verständigen kann. Eine solche „Sprache" versucht die transkulturelle Psychotherapie als Metakommunikation, als Kommunikation über Konflikte, zu erreichen.

Kapitel 10

Spuren im Sand

Eines Nachts hatte ein alter Mann einen Traum. Er träumte, er wandere mit dem Herrn am Strand. Am Himmel erschienen Szenen aus seinem Leben. Bei jeder Szene bemerkte er zwei Paar Fußspuren – ein Paar gehörte ihm und das andere dem Herrn.
Als die letzte Szene seines Lebens vor ihm erschien, blickte er auf die Fußspuren im Sand zurück. Erst jetzt bemerkte er, dass er an vielen Stellen seines Lebens nur eine Fußspur sehen konnte. Er bemerkte auch, dass dies in den traurigsten und schwersten Augenblicken seines Lebens der Fall gewesen war.
Dies beunruhigte ihn sehr, und so fragte er den Herrn: „Herr, du

versprachst mir einst, den ganzen Weg bei mir zu sein, wenn ich nur festentschlossen dir folge. Aber ich bemerkte, dass zu den schwersten und sorgenvollsten Zeiten meines Lebens nur eine Fußspur zu sehen war. Ich verstehe nicht, warum du mich gerade in den Zeiten verlassen hast, da ich dich am meisten brauchte." Der Herr antwortete: „Liebes Kind, ich liebe dich und würde dich nie allein lassen. In den Zeiten deiner Prüfung und Leiden, als du nur eine Fußspur sahst, habe ich dich getragen. Denn da warst du nicht fähig, allein zu gehen."

Nach Margaret Fishback Powers

Mikrotraumen und Lebenssinn

Der erste Trunk aus dem Becher der Naturwissenschaft macht atheistisch, aber auf dem Grund des Bodens wartet Gott.
Werner Heisenberg

Glaube steht in unserer Zeit oft gleichbedeutend mit Kirche, Religion und dem Leben nach dem Tod. Doch Glaube ist mehr. Er ist die Beziehung zum Unbekannten und Unerkennbaren. Auf diese Weise bezieht er sich auch auf Partnerschaft, soziales Verhalten und Beruf. Er umfasst nicht nur Fragen nach Gott und dem Leben „danach", sondern auch private und wissenschaftliche Grundfragen. Glaube ist somit ein grundlegendes psychisches Phänomen, das auch in der psychotherapeutischen Arbeit nicht tabuisiert werden sollte, weil es in assoziativer und inhaltlicher Nähe zur Religion steht.

Wir alle haben eine Art kosmischen Hunger, ein Bedürfnis, zu allen Dingen, einschließlich der Unendlichkeit des Alls, in Beziehung zu treten. Somit ist Glaube ein wesenhafter Ausdruck unseres Lebenszweckes, das Unerkennbare zu erkennen und zu lieben. Glaube kann allgemein als die Fähigkeit jedes Menschen betrachtet werden, zu den ihm unbekannten Dingen der Vergangenheit, Gegenwart und Zukunft in Beziehung zu treten. Wir glauben, Prüfungen auf uns zu nehmen. Wir glauben an Fähigkeiten unserer Kinder, die wir nicht sehen. Durch diese Haltung verhalten wir uns dem Kind gegenüber so, dass es seine Fähigkeiten mit der Zeit entwickeln kann. Wir glauben an eine Theorie und fühlen uns durch diesen Glauben verpflichtet, sie auf ihren Wahrheitsgehalt zu prüfen und so fortzuführen. Wir glauben an das Unbekannte und Unerkennbare und verhalten uns so, dass wir zu ihm in Beziehung treten können. Um die Fähigkeit, an einen Menschen zu glauben, entwickeln zu können, benötigen wir den Kontakt mit einem Mittler, einer Bezugsperson, die uns lehrt, wie und unter welchen Bedingungen wir anderen Menschen glauben und vertrauen dürfen. Der religiöse Glaube bedarf der Religionsstifter und Religionen.

Die heutigen scheinbaren Verfallserscheinungen des religiösen Lebens, wie Massenaustritte aus der Kirche und intellektueller Widerstand gegen religiöse Wahrheiten und Werte, sind als ein Teil eines Einschmelzungs- und Auflösungsprozesses aufzufassen, dessen tiefere Ursachen nicht nur in einer „religiösen Schwäche“ zu suchen sind, wie viele Fachleute annehmen, sondern auch in einer „Unterscheidungsschwäche“. Es handelt sich hier um ein gesteigertes religiöses Leben, das von seinen naiven Äußerlichkeiten abgelöst werden muss, damit später eine echte Substanz weiterwachsen kann.

Wenig Glauben haben heißt, keinen Glauben haben.

Laotse

Religion im Angesicht der Normen

Die Wertsysteme, welche die zwischenmenschlichen Spielregeln festschreiben und die Art und Weise definieren, in der der Mensch in seine Umwelt eingreifen darf, sind als Weltanschauungen und Religionen zusammengefasst. Sie umfassen nicht nur das sozial regulative Gesetzeswerk, sondern bestimmen auch den Wert eines Menschen, den Sinn seines Lebens und die Ziele, die er als wünschenswert anstreben soll.

Glaube, Religion und Weltanschauung, die als ein allgemeines Bezugssystem für Einstellungen und Handlungsweisen gelten können, nehmen Einfluss auf die Ausprägung der Fähigkeiten des Einzelnen.

Religiös-weltanschauliche Einstellungen beeinflussen unser ganzes Leben. So nehmen sie Einfluss auf

- Sexualität (sexuelle Gebote und Verbote, Riten des Sexualverhaltens)
- Erziehung (Rollen der Eltern, autoritäre Erziehung, antiautoritäre Tendenzen, Bevorzugung des Sohnes oder der Tochter)
- Beruf (Motivation, die hinter dem Beruf steht, beispielsweise als Dienst an der Menschheit; Beruf als Selbstverwirklichung, Lebensziel, gesellschaftliche Aufgabe, Belastung und Ablenkung von den wahren Aufgaben)
- Partnerschaft (Gleichberechtigung in der Beziehung von Mann und Frau, Bewertung der Partnerschaft als Mittel der Kinderzeugung, als Keimzelle der Gesellschaft, als Lustbündnis, als verbindliche Vorschrift)
- soziale Kontakte (vorgeschriebene soziale Beziehungen, zum Beispiel im indischen Kastenwesen oder im Verhältnis der sozialen Gruppierungen, Schichten und Klassen zueinander, weltanschaulich-religiös vorgeschriebene Kontaktsituationen, beispielsweise gemeinschaftliches Gebet, gemeinschaftliche Feste, gemeinsames Singen, Meditieren oder Arbeiten, die Forderung nach sozialer Askese)

Ein Gramm Beispiel gilt mehr als ein Zentner guter Worte.
Franz von Sales

Das Wort „Religion" unterliegt vielen Missverständnissen. Wer von „Religion" und „Glaube" spricht, stößt zunehmend auf emotionalen Widerstand und intellektuelle Abwehr. Immer weniger Menschen wagen es, über Religion zu sprechen, es sei denn im negativen Sinn. Diese Erfahrung macht man auch zunehmend in der Psychotherapie. Waren hier früher Sex und Sexualität tabuisiert, ist es heute die Religion. Dabei finden sich im Zusammenhang mit einer Reihe von seelischen Störungen gerade Konflikte, die im weitesten Sinn deren Bereich betreffen. Wir finden in der Psychotherapie drei Haltungen, die im Zusammenhang von seelischem Grundkonflikt und Religion auftreten: den mumifizierten (bigotten), den revoltierenden und den indifferenten Typ.

Der mumifizierte (bigotte) Typ

Er scheut sich vor notwendigen Neuerungen und Änderungen, da er sich mit erlernten religiösen Normen, Glaubensdarstellungen und Dogmen voll identifiziert. Um der Angst machenden Versuchung auszuweichen, reagiert er aggressiv, wählt den Angriff als Verteidigung oder zieht sich in sein Schneckenhaus zurück. Oft findet sich der Glaube an Stelle von Erkenntnis und Wissen. Der bigotte Typ besitzt ein gewisses Halbwissen und setzt seine Behauptungen gern in Form scheinbarer Tatsachen ein. Da bigotte Menschen vermeiden, sich einer Lebenssituation auszusetzen, die sie mit dem Umstand konfrontieren könnte, dass sie einem Vorurteil anhängen, befinden sie sich in einer tragischen Position.

Es gibt mehr Ding' im Himmel und auf Erden, als unsere Schulweisheit sich träumen lässt.
William Shakespeare

Ein Zitat aus meiner Praxis soll diese Haltung verdeutlichen.
„Zu Weihnachten und Ostern gehe ich mit meinem Mann und meinen Kindern immer in die Kirche. Ich brauche diese Atmosphäre, den Geruch der Kerzen, des Weihrauchs, die festliche Kleidung. Erst dann kann ich auch feierlich empfinden. Da wird mir dann immer ganz warm ums Herz und ich kann wieder richtig beten." (36-jährige Hausfrau)

Der revoltierende Typ

Für ihn entsprechen die gültigen religiösen Normen nicht mehr den Erfordernissen der Zeit. Weil unzeitgemäße Normen auf das Individuum unterdrückend (repressiv) wirken, negieren Vertreter des revoltierenden Typs diese Normen häufig ganz. In ihrem Aufbegehren setzen sie dabei nicht selten den zweiten Schritt vor den ersten. Je nachdem, wie ausgeprägt die jeweilige Persönlichkeit ist, reagiert sie durch intellektuellen Widerstand oder Manipulation. Eine soziale Extremform aktiver Fremdmanipulation ist zum Beispiel die militante Gewalttätigkeit. Passive Selbstmanipulation kann etwa zu Rauschgiftkonsum führen.

Als Beispiel hier das Zitat eines 28-jährigen Soziologiestudenten: *„Religion ist etwas für Leute von gestern. Die gehört nicht mehr in unsere Zeit. Wer sich an den Strohhalm der Religion klammert, wird trotzdem ersaufen. Glaube – das ist, als ob du einen Hechtsprung in einen Weiher machst, ohne zu wissen, wie tief er ist. Bitte: Wer sich auf diese Weise das Genick brechen will: bitte gern! Aber ohne mich! Es liegt allein an uns Menschen, ob wir den Himmel oder die Hölle auf Erden haben. Gott ist nicht mehr als ein Geschöpf in den wirren Gehirnen religiöser Fanatiker. Religion verschleiert die tatsächlichen sozialen Zustände und hält die Menschen ab, zu tun, was nötig ist. Marx hatte schon Recht: Religion ist Opium fürs Volk.“*

Der indifferente Typ

Weit weg ist nur dann weit weg, wenn du nicht dorthin kommen kannst.
O Poro

Zwar hat er den Wunsch, überholte oder reformbedürftige religiöse Inhalte zu ändern und setzt sich zum Teil auch dafür ein, andererseits aber kann er sich von gewissen erlernten religiösen Traditionen nicht trennen. Dies führt im Allgemeinen zu einer Verschiebung der Verantwortung. Unter diesen Typus fallen im Wesentlichen die unverbindlich Interessierten, die gegenüber Neuerungen in der Religion aufgeschlossen sind, ohne konkrete Konsequenzen zu ziehen. Wenn sie sich einmal für eine Richtung entscheiden, zeigen sie sich dort labil. Eine Änderung ihrer Einstellung erfolgt eher wegen der Autorität der übrigen sozialen Umgebung als aus sachlicher Notwendigkeit. Vorwürfe wie: „Wie konnten Sie es Ihren Eltern nur antun, aus der Kirche auszutreten?“, bringen die Meinung schnell ins Wanken. Der indifferente Typ kann nur schwer zwischen dem Wesentlichen und dem Unwesentlichen einer Religion unterscheiden. Für Fehler einzelner Mitglieder der Religion macht er die gesamte Glaubensrichtung verantwortlich. Für ihn ist Religion eine Erziehungspflicht, ohne dass er sich selbst damit richtig identifiziert. Diese Einstellung wird durch folgendes Zitat eines 38-jährigen Sachbearbeiters verdeutlicht: *„Die Religion ist mir von den Scheinfrommen verleidet worden. Diese Art von Menschen finde ich unausstehlich. Diese ganze Heuchelei! Die tun immer nur, als ob – und im richtigen Leben benehmen sie sich meist viel gemeiner als alle anderen. An der Kirche stören mich genau diese Menschen, die sie doch eigentlich verkörpern wollen. Aber sollen sie damit glücklich werden. Ich für meinen Teil will damit nichts zu tun haben. Ich habe meinen eigenen Glauben. Da brauche ich das ganze Brimborium nicht und komme trotzdem zu besseren Ergebnissen.“*

Beitrag der religiösen Führer

Die Sehnsucht des Menschen nach einem Unbekannten – wir formulieren es absichtlich so vage, weil das Unbekannte für jeden Menschen und in jeder Situation eine eigene Gestalt gewinnen kann – hat dazu geführt, dass ihm Götter und Religionsstifter schon immer etwas bedeutet haben, solange es die Menschheit gibt.

Gott gehört die Welt, und er gibt sie dem Mutigen zum Erbe.

Lebensweisheit

Religionen und Weltanschauungen sind es, die den Sinn im Leben vorgeben. Der Glaube an sie gibt dem einzelnen Menschen und der Gesellschaft das Bezugssystem, in dem sie sich begreifen lernen und nach dem sie sich in ihren Handlungen zu richten suchen. Diese religiös-weltanschaulichen Sinnangebote haben damit existenzielle Bedeutung. Sie beinhalten zugleich jedoch eine große Gefahr: A priori gesehen scheinen sie sich jeder Kritik und sachlichen Prüfung zu entziehen. Verabsolutiert können sie sich aus dem ursprünglichen Zusammenhang lösen, sich verselbstständigen und gegen ihre primären Ziele zurückschlagen.

Dabei wird übersehen, dass Religionen und Weltanschauungen, selbst wenn der Glaubenskern zeitlos wahr ist, in der äußeren Schale den Bedingungen der Zeit unterworfen sind und sich der Relativität der Werte beugen müssen. Ähnlich wie Politiker sind religiöse und weltanschauliche Führer und Würdenträger letztendlich für die Weltsituation mit verantwortlich. Dabei zeichnet sich ab, dass trotz der Identität und Unverwechselbarkeit der einzelnen Weltanschauung und Religion ihr Konkurrenzkampf untereinander nicht mehr zeitgemäß ist und nur ihre Unglaubwürdigkeit belegt.

Glaube und Treue sind Geschwister.
Lebensweisheit

Die Handlungen eines religiösen Führers werden von verschiedenen Faktoren beeinflusst, die wir im Folgenden zusammengefasst haben. Mit ihrem eigenen Verhältnis zur Religion sind die Eltern das Vorbild der Kinder. Durch sie werden sowohl die religiöse Fixierung, das mumifizierte Festhalten an religiösen Dogmen, die zur Schau getragene Gleichgültigkeit oder die manifeste Abwehr dieser Themen wie auch das ambivalente Verhältnis zu Religion und Weltanschauung vorgeprägt.

Die Beziehung eines Menschen zum „Ur-Wir" hängt zunächst von dem Verhältnis ab, das seine Eltern gegenüber Religion und Weltanschauung haben. Da die Eltern für das Kind, zumindest in den ersten Lebensjahren, gottähnliche Funktionen annehmen, also allmächtig, allwissend und unangreifbar sind, wird nicht selten die Art und Weise, in der man als Kind Vater und Mutter erlebt hat, auf die Erwartungen übertragen, die man gegenüber Gott oder dem „Unbekannten und Unerkennbaren" hegt. So kann ein ungerechter Vater oder eine erdrückende Mutter den Grundstein zur Vorstellung von einem ungerechten Gott oder einer ungerechten Welt legen oder auch die Zukunft als verbaut, unsinnig und hoffnungslos erscheinen lassen.

Konsequenzen

Die Grundsatzentscheidung geschieht vor dem Hintergrund von eigener Lebensgeschichte, soziokulturellen Gegebenheiten und ganz konkret fördernden und hemmenden Einflüssen, denen jeder Mensch ausgesetzt ist. Entscheidend ist auch, ob man in einer industriell oder landwirtschaftlich orientierten Gesellschaft, in einem demokratischen oder diktatorischen System lebt, als Deutscher, Amerikaner, Australier, Japaner, Perser, Italiener, Spanier etc. geboren wurde und ob man sich als Buddhist, Hindu, Moslem, als evangelischer oder katholischer Christ, Pietist, Baptist, Calvinist, Jude, Bahá'i usw. erlebt.

Welche Freiheitsgrade der Partnerschaft und welche Auswahlmöglichkeiten ihrer Formen zur Verfügung stehen, ist, unabhängig vom Einzelnen, vorgegeben in den Regeln, Ritualen, Normen, Geboten und Verboten der Weltanschauungen, Lebensphilosophien und Religionen, die einen Menschen geprägt haben. Unabhängig von seiner individuellen Existenz bestehen diese Regeln und Wertsysteme in der zwischenmenschlichen Wirklichkeit. Sie sind, obwohl mittlerweile pluralistisch und relativiert, allgegenwärtig und unausweichlich. Hier entstehen Entscheidungen vorweg, die sich zumeist dem Einfluss unserer Willkür entziehen.

Nicht alles, was gut ist, wird auf längere Zeit gut sein.
Aus Indien

Im Gegensatz zu der beschriebenen geschlossenen Gesellschaft ist die heutige Gesellschaft eine offene Gesellschaft. Das heißt, die verschiedenen weltanschaulichen, ideologischen und religiösen Bezugssysteme sind nicht mehr an bestimmte geographische Orte gebunden, sondern bestehen gleichzeitig und treten zueinander in Konkurrenz. Wir können heute die in unserer eigenen

Gruppe gültigen psychosozialen Normen nicht mehr als absolut betrachten, sondern müssen sie mit den anderen möglichen Werthaltungen vergleichen. Damit wird uns unsere Sichtweise der Dinge nicht genommen, sondern durch andere Sichtweisen ergänzt.

Kapitel 11

Die wunderbare Heilkunst des Avicenna

Der Neffe des Herrschers Ghabus-Woschmgir war schwer erkrankt. Alle Ärzte des Landes hatten bereits die Hoffnung aufgegeben. Die Medikamente zeigten keine Wirkung. Da die Ärzte nicht weiterkamen, war der Herrscher damit einverstanden, dass Avicenna, damals ein junger Mann von 16 Jahren, die Behandlung übernahm. Als Avicenna den Palast betrat, staunten alle über seinen Mut, dem Kranken helfen zu wollen, wo doch alle gelehrten Hakim des Landes ihre Ratlosigkeit eingestehen mussten. Avicenna sah den Kranken, einen mageren, blassen jungen Mann, auf dem Lager hingestreckt. Auf Fragen gab der Kranke keine Antwort, und die Verwandten berichteten, dass er schon seit einiger Zeit kein Wort mehr spreche. Avicenna griff nach dem Puls des Kranken und hielt dessen Hand längere Zeit fest. Schließlich hob er bedächtig den Kopf und sagte: „Dieser junge

Mann muss anders behandelt werden. Dazu brauche ich jemanden, der in dieser Stadt zu Hause ist, alle Straßen und Gassen kennt, alle Häuser und alle Menschen, die in ihnen wohnen." Alle wunderten sich und fragten: „Was hat die Heilung des Kranken mit den Gassen unserer Stadt zu tun?" Trotz ihrer Zweifel gehorchten sie Avicennas Befehl und ließen einen Mann kommen, von dem es hieß, er kenne die Stadt wie seine eigenen Taschen. Ihn bat Avicenna: „Nenne mir alle Viertel der Stadt." Dabei griff er nach dem Puls des Patienten. Als ein bestimmtes Viertel genannt wurde, fühlte Avicenna, dass sich der Puls plötzlich beschleunigte. Daraufhin ließ er alle Straßen des Viertels nennen, bis bei einem Straßennamen der Puls des Kranken erneut aufgeregt zu pochen begann. Jetzt verlangte Avicenna, dass alle Gassen dieser Straße genannt würden. Der Kundige nannte die Gassen, eine nach der anderen, als plötzlich der Name einer kleinen, wenig bekannten Gasse die Erregung des Kranken sprungartig steigerte. Zufrieden befahl Avicenna: „Holt mir einen Mann, der alle Häuser dieser Gasse samt ihren Bewohnern nennen kann." Ihn wies Avicenna an, alle Häuser dieser Gassen aufzuzählen, und der Pulsschlag des Kranken verriet, welches das Richtige war. Als der Helfer zu den Namen der Hausbewohner kam, nannte er auch den Namen eines Mädchens. Mit einem Schlag begann der Puls des Kranken zu rasen. Avicenna bemerkte: „Sehr gut, alles ist klar. Jetzt kenne ich die Krankheit des jungen Mannes, und die Krankheit ist leicht zu heilen." Er stand auf und sprach zu den Anwesenden, die ihn staunend anstarrten: „Dieser junge Mann leidet unter der „Liebeskrankheit". Seine Beschwerden des Leibes haben darin ihre Wurzel. Er ist verliebt in das Mädchen, dessen Namen ihr hörtet. Geht, holt das Mädchen, und werbt es als Braut." Der Patient, der mit größter Aufmerksamkeit und Erregung den Worten Avicennas gefolgt war, wurde rot bis über beide Ohren und versteckte sich verschämt unter der Bettdecke.

Der Herrscher machte das Mädchen zur Braut seines Neffen, der von dieser Stunde an genas.

Nach Mowlana, persischer Dichter

Mikrotraumen in der Therapie

Im Verhältnis zwischen Arzt und Patient ist jede therapeutische Handlung inhaltlich von den Aktualfähigkeiten geprägt. Ein Zahnarzt, der mit Mundschutz arbeitet oder die OP-Schwester, die vor einer Operation die sterilen Operationsbestecke sorgfältig und geordnet bereitlegt – sie alle realisieren Aktualfähigkeiten (Sauberkeit, Ordnung, Gewissenhaftigkeit).
Weitere Beispiele seitens des Arztes sind etwa die rechtzeitige Weiterleitung von Unterlagen an die Krankenkasse, das Interesse, sich die Krankheitsgeschichte des Patienten anzuhören und die Geduld, wenn dies eher schwerfällig vonstatten geht.

Der Patient bringt auf der anderen Seite seine Verhaltensmuster und Wertmaßstäbe in die ärztliche Praxis ein, einmal im Rahmen seiner Beziehung zum Arzt, aber auch als inhaltliche Aspekte und Verhaltensanteile seiner Symptomatik. Die Aktualfähigkeiten erhalten hier selber den Charakter von Symptomen und sind somit der Bereich, in dem sich das krankhafte Geschehen abspielt.
Nachfolgend eine Auswahl von Aussagen von Ärzten, Therapeuten und Patienten, in Klammern stehen die hinter den Aussagen angesprochenen Aktualfähigkeiten.

Damit das Mögliche geschieht, muss das Unmögliche immer wieder versucht werden.
Hermann Hesse

„Die Patientin pflegte ausschließlich Kontakt zu Mitgliedern der Familie“ (Kontakt).

„Sie selbst fühlte sich durch die strenge Behandlung ungerecht behandelt und überfordert. Und andererseits hatte sie das Gefühl, die Eltern würden ihren Bruder viel weniger hart anfassen“ (Fleiß/Leistung, Gehorsam, Gerechtigkeit).

„Sie hätten früher kommen sollen! Nicht erst, als die Schmerzen unerträglich waren. Jetzt werden Sie um eine Operation kaum herumkommen“ (Zeit, Pünktlichkeit, Hoffnung).

„Erst nachdem ihr bewusst wurde, wie sehr sie in der Identifikation mit ihren Eltern, die sie letztlich nie geliebt, sondern nur wie ein Statussymbol behandelt hatten, ihre Lust vollends verdrängt hatte, gelang es ihr, allmählich frei zu werden“ (Sexualität, Gehorsam, Fleiß/Leistung).

Die Seele jeder Ordnung ist ein großer Papierkorb.
Kurt Tucholsky

„Für sie war Ordentlichkeit das Wichtigste im Leben. Schon ihre Mutter, so hat sie mir erzählt, sei sehr genau und auf Sauberkeit bedacht gewesen“ (Ordnung, Gewissenhaftigkeit).

„Bereits nach wenigen Sitzungen stellte sich heraus: Die Patientin war schon als Kleinkind durch die strenge, gefühlskalte Mutter zu einer pedantischen Ordnung getrimmt worden“ (Ordnung).

„Zu diesem Orthopäden gehe ich nie wieder. Mag ja sein, dass er was kann. Aber die stundenlange Warterei, bis man drankommt, und dann waren wir nach fünf Minuten fertig“ (Pünktlichkeit, Zeit, Vertrauen, Zuverlässigkeit).

„Mein Arzt hat ganz komisch geguckt, als er erkannt hat, wie schmuddelig mein Verband war. Er ist überhaupt so pingelig. Kaum ist man mal zwei Minuten zu spät, kriegt man einen Blick“ (Sauberkeit, Pünktlichkeit, Höflichkeit, Vorbild, Geduld).

„Der Patient fühlte sich ihren Worten nach immer als fünftes Rad am Wagen. Im Traum, so berichtete er in der letzten Therapiestunde, sei seine Lebensgefährtin von seinem besten Freund verführt worden“ (Gerechtigkeit).

„Im Laufe der Zeit stellte sich bei dem Patienten in zunehmendem Maße ein Putz- und Waschzwang ein“ (Sauberkeit).

Die Aktualfähigkeit in der Arzt-Patient-Beziehung

Betrachten wir die Situation genauer, in der Patient und Therapeut aufeinander treffen, so ergibt sich folgendes Bild. Der Patient verfügt über bestimmte Bedürfnisse und Erwartungen. Diese beziehen sich situativ auf die unmittelbare therapeutische Situation und entstammen zum Teil einem konsistenten individuellen Einstellungsmuster. Umgekehrt hat auch der Therapeut auf Grund seiner Rolle als Arzt und Therapeut individuell bedingte Erwartungen gegenüber dem Patienten. Inhaltlich orientieren sich sowohl die gegenseitigen Rollenerwartungen als auch die „privaten“ Einstellungsmuster an den bereits dargestellten psychosozialen Normen. Auch ein Arzt oder Therapeut zeigt manchmal Verhaltensweisen, die einen Patienten mikrotraumatisch beeinflussen und so zu Konflikten in der Beziehung führen können.

Ein unbescheidener Mensch ist wie ein offener Brief, den jeder lesen kann.
Balthasar Gracián

Als Arzt oder Therapeut sollte man sich fragen. Was denkt der Patient, wenn ich die therapeutische Sitzung unpünktlich beginne? Welchen Eindruck macht es auf ihn, wenn ich mir nur wenig Zeit für ihn nehme? Wie fühlt er sich behandelt, wenn ich nur kurz angebunden mit ihm umgehe? Wie reagiere ich, wenn ein Patient wiederholt nicht rechtzeitig zu den vereinbarten Sitzungen kommt? Wenn er nicht pünktlich bezahlt? Was empfinde ich, wenn ich mit einem Patienten, der Mundgeruch hat, ein über 50 Minuten dauerndes Gespräch führen muss? Was tue ich, wenn sich der Patient im Behandlungszimmer distanzlos

verhält und die für mich gültigen Minimalforderungen der Höflichkeit außer Acht lässt?
Die in diesen Fragen verborgenen Faktoren der Therapeut-Patient-Beziehung werden, obwohl sie als eingreifende Variablen oder symptomatisches Verhalten in die therapeutische Situation eingehen, in der Regel nicht zum Gegenstand der Psychotherapie gemacht.

Aktualfähigkeiten als Inhalte von Übertragung und Gegenübertragung

Beachten sollte man als Arzt oder Therapeut auch, dass Aktualfähigkeiten auch zu Inhalten von Übertragung und Gegenübertragung werden können. Der Patient ist beispielsweise unzuverlässig, kommt zu spät zu den vereinbarten Sitzungen, bezahlt nicht rechtzeitig und hält sich nicht an die Regeln der Behandlung. Auf der anderen Seite der Patienten-Arzt/Therapeuten-Beziehung fühlt sich der Therapeut unwohl und beunruhigt und wird gegenüber dem Patienten unruhig, ungeduldig und abwehrend aggressiv (Geduld, Höflichkeit). Damit lässt sich die momentane Konfliktsituation beschreiben. Als Nächstes könnte man nach den Zusammenhängen suchen und beispielsweise fragen, welche Vorgeschichte Bereiche wie Pünktlichkeit, Zuverlässigkeit und Sparsamkeit für den Therapeuten und welche sie für den Patienten haben. Der Konflikt hinter der Übertragungsproblematik kann auf diese Weise weitaus spezifischer, undogmatischer und individueller erfasst und durchgearbeitet werden.

Handeln, handeln, das ist die Sache. Was hilft uns das bloße Wissen?
Johann Gottlieb Fichte

Die Aktualfähigkeiten stellen somit die inhaltlichen Bezüge der psychodynamischen Vorgänge und der psychotherapeutischen Modellvorstellungen dar. In diesem Sinne beschränkt sich die Positive Psychotherapie nicht auf allgemeine Feststellungen wie „autoritäres Elternhaus“, „starke Elternbindung“, „Tyrannei“, „Vergötterung“, „harte, weiche oder Doppelbindungserziehung“.

Sie spricht nicht nur von Selbstwertkonflikten, Minderwertigkeitsgefühlen, Phobien, Depressionen oder einem weitgehend unbestimmten Über-Ich. Sie gibt vielmehr die konkreten Inhalte (Aktualfähigkeiten) der innerseelischen und zwischenmenschlichen Vorgänge an. So werden dynamische Begriffe wie Narzissmus, Trennungsangst, Objektverlust, Regression usw. inhaltlich präzisiert. Zu den prägenden Konfliktbereitschaften und Erlebnisstrukturen tritt der inhaltliche Aspekt, über den sozialpsychologische und kulturelle Faktoren in die Psychotherapie einbezogen werden.

Die Weisheit ist höher zu wägen denn Perlen.

Martin Luther

Kapitel 12

Ein Dachgarten und zwei Welten

Auf dem Dachgarten eines Hauses schliefen in einer Sommernacht die Mitglieder einer Familie. Die Mutter sah voll Missgunst, dass ihre nur widerwillig geduldete Schwiegertochter und ihr Sohn eng aneinander geschmiegt schliefen. Diesen Anblick konnte sie nicht ertragen, weckte die beiden Schläfer und rief: „Wie kann man nur bei dieser Hitze so eng zusammen schlafen. Das ist ungesund und schädlich." In der anderen Ecke schliefen ihre Tochter und der verehrte Schwiegersohn. Beide lagen voneinander getrennt, mindestens einen Schritt weit auseinander. Fürsorglich weckte die Mutter die beiden und flüsterte: „Ihr Lieben, wie könnt ihr nur bei dieser Kälte so weit voneinander liegen, statt euch gegenseitig zu wärmen?" Dies hörte die Schwiegertochter. Sie richtete sich auf und sprach mit lauter Stimme wie ein Gebet folgende Worte: „Wie allmächtig ist Gott. Ein Dachgarten und ein so unterschiedliches Klima."

Mikrotraumen im Kulturvergleich

In Deutschland scheint das Motto weit verbreitet zu sein: „Was auf den Tisch kommt, wird gegessen." Der Höflichkeitsrest, den man früher zurückgehen ließ, gilt als unpassend und unzeitgemäß. Als selbstverständlich wird es von vielen angesehen, der Küche stillschweigend dadurch ein Kompliment zu machen, dass man nichts zurückgehen lässt.

Eine deutsche Frau, die im Iran zu Besuch war, wurde krank. Sie litt unter Verdauungsstörungen und klagte: „Ich kann kein Essen mehr sehen. Eine Woche war ich hier. Fast jeden Tag war ich bei einer anderen Familie zu Gast. Meine Gastgeber waren sehr lieb und verwöhnten mich, wo sie nur konnten. Nur das mit dem Essen habe ich nicht verkraftet. Wenn ich meinen Teller leer gegessen hatte – das Essen schmeckte immer ausgezeichnet – wurde sofort wieder nachgefüllt. Um nicht unhöflich zu sein, habe ich auch das noch aufgegessen. Dann wurde mir wieder nachgelegt. Dies ging so lange, bis mir fast schlecht wurde und ich aus reiner Selbsterhaltung keine Rücksicht mehr auf meine Gastgeber nehmen konnte und das Essen einfach stehen ließ. Ich hatte dabei aber ein schlechtes Gewissen, weil die Leute so nett und freundlich waren."

Gut sein und ein gutes Leben führen bedeutet, anderen mehr zu geben als man von ihnen nimmt.
Leo Tolstoi

Die Besucherin hätte kein schlechtes Gewissen zu haben brauchen, wenn ihr bekannt gewesen wäre, dass das, was sie zum Schluss getan hatte, nämlich einen Teil des Essens stehen zu lassen, im Iran beste Sitte ist. Sie vertrat aber konsequent die Auffassung: „Was auf den Tisch kommt, wird gegessen." Diesen Satz hatte sie in ihrer Kindheit oft genug gehört. Er war ihr vertraut und durch Ermahnungen, Erklärungen und das Vorbild ihrer Eltern und Geschwister zu einer selbstverständlichen Einstellung

geworden. Denn was macht man mit dem Essen, das nicht gegessen wird?
Essen wegwerfen – nur an diese Möglichkeit hatte sie gedacht – war in vielfacher Hinsicht Sünde. Ihr Vater hatte doch dafür gearbeitet, dass das Essen auf den Tisch kommen konnte und die Mutter hatte viel Fleiß, Zeit und Arbeit für die Essenzubereitung aufgewendet. All das kostete Geld, und was hierfür mehr ausgegeben wurde, musste anderswo eingespart werden. Für ihre Mutter galt noch, dass sie es gerne sah, wenn ihre Arbeit in der Küche durch den Appetit der Kinder belohnt wurde.

Wenn ich hasse, so nehme ich mir etwas; wenn ich liebe, so werde ich um das reicher, was ich liebe.
Friedrich von Schiller

Hinzu kam, dass Aufessen nicht nur das Stillen von Hunger war. Der Gehorsam den Eltern gegenüber verlangte, dass eben alles aufgegessen werden musste. Als der Vater später mehr Geld verdiente und es nicht mehr auf den Pfennig ankam, war ein anderes ethisches Motiv in den Vordergrund getreten: Ist es nicht Verschwendung, Essen übrig zu lassen, wenn zwei Drittel der Menschen nicht genügend zu essen haben? Über diese Frage hatte sich die Besucherin des Orients, angeregt durch ihre religiöse Überzeugung, Gedanken gemacht und sich vorgestellt, eines Tages als Missionarin oder Entwicklungshelferin dazu beizutragen, dem Hunger Einhalt zu bieten.
Besonderen Eindruck machten Erzählungen der Eltern und Großeltern, welche Not und welches Elend kurz nach dem Krieg geherrscht hatten, dass man Brot aus Kartoffelschalen gebacken hatte und Fleisch und Fett eine Seltenheit waren. Nicht nur die selbst erlebte Notzeit wirkte nach, sondern auch die entbehrungsreichen Zeiten, die den Ansichten ihrer Eltern und Großeltern den Prägestempel aufgedrückt hatten. Aus den Erzählungen des Großvaters wusste sie, wie wenig Geld während der Zeit der Arbeitslosigkeit die Menschen damals hatten und wie sehr sich die Hungernden über ein reichhaltiges Essen gefreut hätten.
Eine weitere Quelle ihrer konfliktbeteiligten Einstellungen und

Verhaltensweisen fand unsere Orientbesucherin in Märchen, die sie sich als Kind nur zu gerne erzählen ließ und später aus Büchern selber las. Sie erinnerte sich an die Geschichte von Hänsel und Gretel, die wegen der Armut ihrer Eltern und des Hungers, den die Familie leiden musste, im Wald ausgesetzt worden waren, und an eine andere Geschichte, in der das einfache, trockene Stück Brot sich in Gold verwandelt hatte. Das, was ihr von ihrer engeren und weiteren Familiengruppe mitgegeben und was für sie selbstverständlich und verbindlich war, hatte ihr Verhältnis zu der beschriebenen transkulturellen Situation geprägt und die Möglichkeiten ihrer Reaktionen vorgegeben.

Manche Schlösser öffnen sich nur durch Geduld.
Lebensweisheit

Ausdruck dafür sind eine Reihe von Wertmaßstäben, moralisch-ethischen Grundsätzen und psychosozialen Normen, die bei der Entstehung der „transkulturellen" Verdauungsschwierigkeiten zusammenwirkten:

- *Sparsamkeit* als Faktor der Sicherheit, Selbstständigkeit, Unabhängigkeit und des sozialen Status nach dem Konzept: „Sparst du was, dann hast du was. Hast du was, dann bist du was";
- *Fleiß-Leistung* als Mittel der Existenzerhaltung und als Kriterium des Selbstwertgefühls nach dem Grundsatz: „Im Schweiße deines Angesichts sollst du dein Brot essen";
- *Höflichkeit* als Zeichen der Anerkennung, Dankbarkeit und Rücksicht gegenüber den Erwartungen und Wünschen anderer: „Was sagen die Leute?!";
- *Gehorsam* als Unterordnung gegenüber der Verhaltenserwartung der Familie; Anerkennung der elterlichen Autoritäten durch Befolgen ihrer Anweisungen. Es galt das Konzept: „Kinder müssen essen, was auf den Tisch kommt."

In Persien traf sie bei ihrem Gastgeber auf Voraussetzungen, die in mancherlei Hinsicht von den eigenen Konzepten abwichen. Der handelte nach dem Grundsatz: „Halte dein Haus den Gästen immer offen. Gäste sind eine Gnade Gottes. Gib ihnen deshalb alles, was du geben kannst."

Diese Einstellung hatte der Gastgeber, ein persischer Akademiker, seit er sich erinnern konnte, bei seinen Eltern und Verwandten beobachten können. Immer waren Gäste zu Hause gewesen oder man war bei anderen zu Gast. Wenn der Vater abends nach Hause kam, saßen schon Gäste da, und er selbst brachte noch oft genug überraschenden Besuch mit. Je mehr Freunde und Bekannte hinzukamen, umso schöner was das Zusammensein.

So war es auch an den Wochenenden, an denen gemeinsam mit allen erreichbaren Freunden und Verwandten etwas unternommen wurde. Selbst als es seinem Vater geschäftlich schlecht ging, nahmen die Gastlichkeiten kein Ende. Im Gegenteil, jetzt brachten die Gäste immer einmal ein Geschenk oder eine Aufmerksamkeit mit. Er und seine Familie wurde von ehemaligen Geschäftsfreunden eingeladen. Neue Geschäfte wurden angebahnt.

Nicht da ist man daheim, wo man seinen Wohnsitz hat, sondern wo man verstanden wird.
Christian Morgenstern

Auch bei seinem Freund, dessen Eltern einfache Bauern waren, war es ähnlich. Das Geschirr war vielleicht einfacher, aber die Gastfreundschaft war erlesen. Was während der Gastlichkeiten nicht gegessen wurde, nahmen die Besucher einfach mit oder brachten es ihren eigenen Freunden. Lediglich die kleinen Höflichkeitsreste auf den Tellern wurden weggeworfen. Und selbst für sie war man noch dankbar: „Wir haben uns satt gegessen und trotzdem blieb noch so viel übrig. Gott möge es vervielfachen."

Wenn er es sich recht überlegte, war sein Prinzip der Gastfreundschaft auch keine Verschwendung. Sie war für ihn sehr wichtig. Geld, das er besaß, konnte vielleicht gestohlen werden. Geld jedoch, mit dem er seine Gäste erfreut hatte, war für ihn eine Sicherheit für die eigene Zukunft und die seiner Familie. Er, auf Dankbarkeit rechnend, die wie ein Netz die Gemeinschaft seiner Familie und seinen Freundeskreis überzog, wusste schon von seinem Vater, dass Gastfreundschaft ihre Früchte bringt. Noch heute lobte man den Vater dafür: „Es gab keinen Mittagstisch, zu dem er nicht jemanden eingeladen hätte. Er war großzügig und gastfreundlich." Er selbst hatte Nutzen aus dem guten Ruf seines Vaters gezogen. Dabei war es nicht immer leicht, seinen Gästen gerecht zu werden. So reichte es nicht aus, wenn man ein- oder zweimal eine Speise anbot. Das wäre schon von einigen für ein Zeichen von Unachtsamkeit und mangelnder Gastfreundschaft gehalten worden: „Er bietet mir den Reis nur zwei- oder dreimal an, er ist wohl nicht besonders glücklich darüber, dass ich da bin."

Zehnmal und mehr musste man den Gast bitten, zuzugreifen. Mehr noch, man musste dem höflich Widerstrebenden allem Widerstand zum Trotz einen Leckerbissen auf den Teller legen. Scherzend bezeichnete man diese Höflichkeitszeremonie als „Tarof", als Umstände, die gleichwohl nicht außer Acht gelassen werden durften. Er selbst hatte schon erlebt, wie europäisierte Landsleute für grob, arrogant, unhöflich gehalten wurden, weil sie diese Umstände, das tausendmal Anbieten „Ich bitte Sie, greifen Sie doch zu" nicht mitmachen wollten. So war es für ihn selbstverständlich und richtig, diese Maßstäbe auch für sich zu übernehmen, zumal auch die Tradition dafür sprach. Schon die alten Märchen und Geschichten eines *Hafiz* oder *Saadi* wussten Gastfreundschaft und Großzügigkeit zu loben. Seine Auffassung vom richtigen Verhalten zeigte folgende Schwerpunkte:

Eine große Freude: Freunde, die von weither kommen.
Konfuzius

- *Sparsamkeit:* Verlangt war nicht das Sparen von Pfennigen, sondern Großzügigkeit gegenüber anderen, nach dem Konzept: „Sei großherzig und wirf deine Güte ins Meer. Eines Tages wird dir Allah alles in der Wüste wiedergeben."
- *Fleiß/Leistung:* Ziel war es, Anerkennung zu erwerben, neue Beziehungen herzustellen, noch mehr Freunde zu erreichen und darüber hinaus dem Zusammenhalt der Familie und der Sippe zu dienen, nach dem Prinzip: „Das Lebensziel ist nichts anderes als den anderen zu dienen." *(Hafiz)*

- *Höflichkeit*: Wichtig war es, sich Mühe für einen Gast zu geben, ihn zu nötigen und zu verwöhnen, sich für ihn Zeit zu nehmen, selbst aber als Gast bescheiden die Angebote der Gastgeber zurückzuweisen bis endlich die „Tarof" des Gastgebers siegten. Es galt das Konzept: „Wen man nicht als Kind zur Höflichkeit erzieht, der wird in späteren Zeiten Gehorsam nicht kennen." *(Molawi)*
- *Kontakt:* Von Bedeutung waren die Zeichen der Zusammengehörigkeit und des Vertrauens. Der Kontakt sichert die Beziehung zur Zukunft und wird letztlich von Allah belohnt, wie es schon das Wort des Dichters *Hafiz* sagt: „Das Glück in zwei Welten lässt sich in den zwei Worten zusammenfassen: Großzügigkeit bei Freunden und Geduld bei Feinden."

Manchen Leuten ist die Wahrheit so kostbar, dass sie nur sehr sparsam von ihr Gebrauch machen.
Lebensweisheit

Konfrontiert mit beiden Verhaltens- und Lebensweisen liegt es nahe, die transkulturelle Problematik einseitig zu beurteilen: Man ergreift Partei, bewundert und idealisiert die eine Haltung und schließt damit ein, dass die andere – aus welchen Gründen auch immer – nicht richtig sei. Wir dagegen wollen, statt Partei zu ergreifen, die unterschiedlichen Konzepte und ihre lebensgeschichtlichen Bedingungen beobachten und auch die Spannungen, die sie in uns wachrufen können. Mit der deutschen Frau und ihrem persischen Gastgeber stoßen zwei Welten aufeinander. Ihre Motive sind in der jeweiligen Lebensgeschichte, den gemachten Erfahrungen und dem abstrakten und doch so wirksamen kulturellen Bezugssystem begründet und richtig. Jedes dieser Motive lässt sich als Konzept beschreiben: als eine Auffassung von der Wirklichkeit, ein mehr oder minder umfassendes Bezugssystem, eine gelernte Werthaltung, eine innere Weltordnung, eine Erwartung, ein moralisches Urteil, eine ethische Lebenseinstellung. Die Konzepte beschreiben den Konflikt jedoch nicht nur eindimensional, sondern auf verschiedenen Ebenen.

- *Die transkulturelle Ebene:* Es bestehen unterschiedliche Auffassungen von Höflichkeit, Sparsamkeit, Kontakt, Fleiß/Leistung etc. in verschiedenen Kulturen.
- *Die interindividuelle Ebene:* Mit der deutschen Frau und ihrem persischen Gastgeber treffen sich in einer definierten Situation zwei Individuen mit unterschiedlichen Vorerfahrungen, Möglichkeiten an Einstellungen, Konzepten und emotionalen Erwartungen aufeinander.
- *Die intraindividuelle Ebene:* Die Frau steht im Konflikt zwischen Höflichkeit als in der Familientradition verwurzelter Aggressionshemmung und Ehrlichkeit als Vermögen, ihre eigenen Wünsche und Bedürfnisse auszudrücken und durchzusetzen. Sie meint, viel Rücksicht nehmen zu müssen, ist sogar bereit, körperliche Leiden dafür in Kauf zu nehmen.
- *Der Grundkonflikt:* Er kennzeichnet die Erfahrungen, die ein Mensch im Laufe seiner Entwicklung, insbesondere in der Kindheit gemacht hat. Träger dieser Erfahrungen sind gesellschaftlich festgelegte Normen, Erwartungen aus der eigenen erlebten Gruppe und die Erfahrungen, die man selbst im Laufe seines Lebens machen konnte. Diese Einflüsse äußern sich in überdauernden Einstellungen, Erwartungen, Konfliktbereitschaften und Konfliktschwellen.

Es gibt Menschen, die fangen Fische, und solche, die nur das Wasser trüben.

Orientalische Lebensweisheit

Der beschriebene transkulturelle Konflikt und seine differenzierende Aufarbeitung wirkt für die Beteiligten wie eine Verfremdung der eigenen Situation. Sie erst erlaubt es, sich von alten Selbstverständlichkeiten und Gewohnheiten zu distanzieren, sich ihrer bewusst zu werden und damit die Möglichkeiten der eigenen Realitätsbewältigung zu erweitern.

Eine 33-jährige Perserin umriss ihre Aufgaben in einer analogen Situation: „Meine Hauptaufgabe ist es, abends für Gäste zu sorgen. Mein Mann entspannt sich am besten, wenn er sich mit den Gästen unterhält …“

Dieses Beispiel zeigt, dass es anscheinend keine eindeutigen Regeln dafür gibt, wie man sich entspannt. Vielmehr entspannt man sich, wie man es gelernt hat.

Wer zu Grunde gehen soll, der wird zuvor stolz; und Hochmut kommt vor dem Fall.
Salomo

Der Ehemann einer deutschen Patientin sagte mir einmal: „Ich langweile mich abends zu Tode, aber ich habe keine bessere Idee, und so gucke ich halt Fernsehen." Für seine Frau ergab sich im Verlauf der Behandlung die Möglichkeit, selbst für den lange vernachlässigten Kontakt zu sorgen und Gäste einzuladen. Hier konnte auch der Ehemann lernen, sich auf eine für ihn neue Art zu entspannen. Dabei traten Schwierigkeiten auf. Der Ehemann suchte Kontakt, aber scheute ihn zugleich, weil Einladungen von Gästen mit Kosten verbunden waren. Die Ehefrau befürchtete, die Gäste könnten Unordnung in die Wohnung bringen und hatte sich deshalb so lange mit dem „passiven" Feierabend zufrieden gegeben.

Jede der beiden transkulturellen Auffassungen von Feierabend und Entspannung ist auf ihre Weise narzistisch besetzt und beinhaltet unterschiedliche Formen der Objektbeziehung. Derjenige, der von der Familie Rücksichtnahme und einen ungestörten Feierabend verlangt, fordert zugleich Anerkennung seiner Leistung durch die Familie: „Ich habe den ganzen Tag für euch gearbeitet und brauche als Gegenleistung, dass ihr auf mich Rücksicht nehmt, meine Spielregeln akzeptiert und mir meine Ruhe lasst."

Der orientalische Familienvater, dessen Situation wir beschrieben haben, begnügt sich nicht mit seinem engeren Familienkreis, sondern benötigt ein größeres Forum für seine narzistischen Wünsche: „Ich habe erreicht, dass ich euch alle bewirten kann und durch meine Arbeit und Großzügigkeit für euch alle gesorgt. Schenkt mir eure Achtung und Anerkennung."

Nun ist keines der beiden Konzepte von vornherein konfliktbesetzt. Solange beispielsweise die Ehefrau bereit ist, den Kontaktrückzug oder die Bindung des sozialen Kontaktes an die Aktualfähigkeit Leistung (Besuch von Geschäftsfreunden usw.) für sich zu übernehmen, mag die Situation weitgehend konfliktarm bleiben. Wenn aber die Partner verschiedene Konzepte haben oder einer der beiden selbst unterschiedlichen Konzepten anhängt, besteht eine erhöhte Konfliktanfälligkeit: „Du kannst arbeiten, so viel du willst, ich will aber keine langweiligen Arbeitsessen, sondern ich will einen eigenen Freundeskreis und meine eigene Freiheit." Oder: „Ich kam eine Zeit lang gut mit den bestehenden Anforderungen an meine Leistung klar, leide aber immer wieder darunter, dass ich isoliert bin und wegen meiner Arbeit nur wenig Freunde und persönliche Bekannte habe."

Die Positive Psychotherapie geht davon aus, dass diese Konzepte weitgehend unbewusst übernommen und in das Selbstkonzept und Selbstwertgefühl integriert werden. Im Rahmen der Positiven Psychotherapie lernt der Patient, sich mit Alternativkonzepten auseinander zu setzen, die unbewussten Motive seiner Konzeptübernahme zu verstehen und das eigene fixierte Konzept durch einen quasiexperimentellen Standortwechsel zu erweitern. Nach meiner Beobachtung werden in westlichen Ländern Trennungsängste oft dadurch verschärft, dass Erwartungen und Übertragungen meist auf einzelne Personen oder kleine, eng begrenzte Gruppen gerichtet werden. Man lädt beispielsweise einen begrenzten Kreis von Gästen ein, meist schon wochenlang vorher, tut dies womöglich noch schriftlich und verbindet mit der Einladung das Gefühl der Angst: „Was werden unsere Gäste von uns denken? Hoffentlich gefällt es Ihnen bei uns!", usw.

Ein kluger Mann macht nicht alle Fehler selber; er gibt auch anderen eine Chance.
Winston Churchill

Dabei herrschen strenge Spielregeln: Ein Gast zu viel ist beinahe eine ähnliche Katastrophe wie ein Gast zu wenig. Im ersten Fall ist die Planung der Geselligkeit durchkreuzt, im zweiten Fall herrschen Unbehagen und Trennungsängste vor: „Warum ist er nicht gekommen, was möchte er damit bezwecken?" Die eigene Betroffenheit wandelt sich in Aggressionen: „Wer so unzuverlässig ist, den können wir nicht mehr einladen." Ein Gast, der wiederholt zu spät kommt, wird als unzuverlässig abgelehnt. Man möchte mit ihm nichts mehr zu tun haben, obwohl es eine Reihe von gemeinsamen Interessen gibt.

Im Orient wird diesen Trennungsängsten auf andere Weise vorgebeugt: Man lädt nicht nur einzelne Gäste ein, deren Nichterscheinen eine große Enttäuschung bedeuten könnte, sondern macht viele Menschen zu seinen Gästen. Gerade die Flexibilität des Gastgebers, seine Bereitschaft und Fähigkeit, noch mehr Gäste aufzunehmen und gewissermaßen aus dem Vollen zu schöpfen, bedeutet für ihn eine besondere Befriedigung und verleiht ihm bei seinen Gästen besonderes Ansehen.

Ich wollte, man finge damit an, sich selbst zu achten: Alles andere folgt daraus.
Friedrich Nietzsche

Die einfache Übertragung wird durch eine multiple Übertragung abgelöst, die zugleich eine gesellschaftlich anerkannte Rückversicherung gegenüber Trennungsängsten darstellt. Allerdings setzt auch diese Haltung „Opfer" voraus: Man muss bereit sein, die „Unordnung" zu ertragen, welche die Gäste uns ins Haus bringen, den Verzicht auf Sparsamkeit, den der Besuch vieler Gäste mit sich bringt, und auch die Unpünktlichkeit einzelner Gäste, die durch die Solidarität der anderen erträglicher gemacht wird. Wenn ein Gast zu spät kommt oder ganz ausbleibt, bürgen doch die anderen dafür, dass man nicht alleine bleibt.
Der Gastgeber ist weniger verpflichtet, sich ausschließlich für den einzelnen Gast zu engagieren. Vielmehr unterhalten sich die Gäste miteinander, während der Gastgeber eher als Katalysator fungiert: Er macht Gäste miteinander bekannt, informiert sie über Interessenrichtungen, initiiert Gespräche, bietet Essen und Getränke an und lässt sie miteinander agieren. Dabei erfährt er

selbst ein großes Maß an direkter oder indirekter sozialer Anerkennung. Er wird dabei weniger den Frustrationen ausgeliefert, die durch oft stundenlange Gespräche und vergebliche Kontaktversuche entstehen.

An diesen Beispielen zeigt sich, dass Trennungsängste je nach soziokultureller Situation verarbeitet werden und dadurch einen unterschiedlichen Stellenwert erhalten.

Kapitel 13

Das Gebet der heiligen Theresia

O Herr, du weißt besser als ich,
dass ich von Tag zu Tag älter
und eines Tages alt sein werde.
Bewahre mich vor der Einbildung,
bei jeder Gelegenheit und zu jedem Thema
etwas sagen zu müssen.

Erlöse mich von der großen Leidenschaft,
die Angelegenheiten anderer ordnen zu wollen.
Lehre mich, nachdenklich
(aber nicht grüblerisch),
hilfreich (aber nicht diktatorisch) zu sein.

Bei meiner ungeheuren Ansammlung
von Weisheit erscheint es mir ja schade,
sie nicht weiterzugeben – aber du verstehst, o Herr,
dass ich mir ein paar Freunde erhalten möchte.

Bewahre mich
vor der Aufzählung endloser Einzelheiten
und verleihe mir Schwingen,
zur Pointe zu gelangen.

Lehre mich schweigen
über meine Krankheiten und Beschwerden.
Sie nehmen zu – und die Lust, sie zu beschreiben,
wächst von Jahr zu Jahr.

Ich wage nicht, die Gabe zu erflehen,
mir Krankheitsschilderungen anderer
mit Freude anzuhören, aber lehre mich,
sie geduldig zu ertragen.

Lehre mich die wunderbare Weisheit,
dass ich mich irren kann.

Erhalte mich so liebenswert wie möglich.
Ich möchte kein Heiliger sein –
mit ihnen lebt es sich so schwer;
aber ein alter Griesgram
ist das Krönungswerk des Teufels.

Lehre mich, an anderen Menschen
unerwartete Talente zu entdecken,
und verleihe mir, o Herr, die schöne Gabe,
sie auch zu erwähnen.

Hl. Theresia von Avila

Von der Kontakthemmung zur Kontaktfähigkeit

Die Sehnsucht nach Kontakt gehört zu den menschlichen Grundbedürfnissen. Wir wünschen uns Freundschaften, Beziehungen, wollen Bekannte zu uns einladen oder mit Freunden und Partnern ausgehen. Doch andererseits bergen Kontakte Risiken und Probleme in sich: Einladungen und Ausgehen verursacht Kosten, unsere Gäste und Freunde können uns versetzen, zu spät kommen oder stören. Unsere Wohnung wird in Mitleidenschaft gezogen. Unsere Nachbarn sind vielleicht vom Lärm gestört. Sie sehen: Der Wunsch nach Kontakt kann einhergehen mit Kontaktstörungen oder Kontakthemmungen.

Der Geizige ist ein Baum, der euch keine Früchte bringen kann.
Aus Indien

Diese beruhen auf einer Überbetonung der Aktualfähigkeiten, hier der sekundären Fähigkeiten. In den Beispielen, die zu einer Einschränkung des Kontaktwunsches führen können, habe ich unter anderem die sekundären Fähigkeiten (Sparsamkeit, Pünktlichkeit, Ordnung, Zuverlässigkeit) angesprochen. Im Folgenden stelle ich die Problematik von Kontakthemmung und Kontaktfähigkeit ausführlicher dar.

Kontakt ist die Bereitschaft und Fähigkeit, mit sich und anderen in Beziehung zu treten. Dazu sind zwei Dinge nötig: Zum einen die Bereitschaft, sich so zu verhalten, um aktiv solche Beziehungen herzustellen, zum anderen die Bereitschaft, sich so zu verhalten, um auf die Kontaktversuche anderer anzusprechen. Ich verdeutliche das an zwei Beispielen.

Ein Auszubildender beklagt sich: *„Ich hätte so gerne eine Freundin, aber ich weiß nicht, wie ich es anstellen soll. Wenn ich ein nettes Mädchen in der Berufsschule sehe, habe ich einen Kloß im Hals und traue mich nicht, sie anzusprechen…“*

Hier zeigen sich Hemmungen, aktiv Kontakt aufzunehmen. Die umgekehrte Situation schildert folgender Fall.

Eine 34-jährige Sekretärin berichtet: „*Ich würde so gerne öfter mal was mit meiner Mutter unternehmen. Aber sie ist ausgesprochen schwierig. Wenn weitere Gäste kommen, brauche ich sie gar nicht erst einzuladen, weil sie dann ja sowieso nicht kommt. Wenn sie mal da ist und es schaut zufällig jemand anderer vorbei, hält sie Monologe über ihre Krankheiten und die Schlechtigkeit der Welt. Auch sonst lässt sie an nichts und niemandem ein gutes Haar – schon gar nichts an der Art, wie ich mein Leben gestalte. Wenn ich mich wehre, zieht sie meist beleidigt von dannen. Dabei merke ich doch, wie sie innerlich leidet. Ich finde ihr Verhalten einfach unmöglich.*"

Mitwollende gibt's wenig, Misswollende viel.

J. W. von Goethe

Die Mutter in dieser Schilderung lehnt alle neuen Kontaktmöglichkeiten ab, obwohl man ihr durchaus welche anbietet. Offensichtlich sind die Beziehungen zu anderen oder zu sich selbst, der Kontakt und in engerem Sinne die Kommunikation, blockiert. Diese Blockade findet dabei nicht im sozialen Feld statt, sondern in einem selbst. Weil jemand wie diese Mutter nicht aus sich herausgeht, führt das in der sozialen Umgebung zu den typischen Erscheinungen von Hemmungen. Schauen wir uns einige weitere Beispiele dafür an.

Eine Patient erzählt: „*Meine Schwiegereltern luden nie jemanden zu sich nach Hause ein. Meine Schwiegermutter erwähnte einmal, das würde viel zu viel Arbeit machen und wäre außerdem zu teuer. Und schließlich wisse man nicht, ob die Gäste nicht auch etwas kaputtmachen würden.*"

Eine Frau klagt: „*Mein Vater war viel auf Montage und wir waren meist mit Mutter allein. Schon als Kind war ich scheu und hatte Angst vor fremden Leuten.*"

Eine junge Frau berichtet: „*Wenn meine Mutter dabei ist, verhält sich Vater ganz unauffällig. Aber wehe, er ist mit seinen Skatfreunden zusammen: Da führt er das große Wort und hängt den Herr im Haus raus. Daheim erlebe ich ihn eher als Pantoffelheld.*“

Zum Thema Hemmungen gehören auch Aussagen wie das Geständnis eines Abteilungsleiters: „*Ich bin jedes Mal total nervös, wenn ich eine Rede halten muss – etwa bei Geburtstagsfeiern.*“ Typisch auch die Vermutung einer älteren Frau: „*Ich glaube, ohne meinen Mann hätte ich keine Bekannten.*“

Das Lächeln, das du aussendest, kehrt zu dir zurück.
Aus Indien

Wir erkennen: Hemmungen und soziale Ängste besitzen eine Vielzahl von unterschiedlichen Formen. Diese breite Palette von Hemmungsarten hat ihre Ursache zunächst in der Einzigartigkeit des Menschen und seiner sozialen Beziehungen. Von weiterer zentraler Bedeutung auf die Kontaktbereitschaft eines Menschen sind die Einflüsse unserer Erziehung. Jeder von uns hat die Fähigkeit, mit anderen Menschen, anderen Gruppen und anderen Gedanken Beziehungen aufzunehmen, und jeder von uns geht dabei anders vor. Ein Faktor, der dafür verantwortlich sein kann, ist das Vorbild der Eltern.

Hier als Beispiel für den Einfluss des elterlichen Vorbildes der Bericht einer 30-jährigen Patientin:
„*Die Familie war in meiner Kindheit der absolute Mittelpunkt. Vater war entweder im Büro oder saß zu Hause vor seiner Münzsammlung. Er war immer für uns da und man merkte, dass er sehr stolz auf das sichere warme Nest war, das er uns bot. Mutter war eine perfekte Hausfrau. Alles blitzte und glänzte. Wenn ich es noch richtig weiß, hatte sie außerhalb der Familie nur zu einer alten Schulfreundin Kontakt. Spielkameraden durften nie zu uns in die Wohnung. Mutter wollte keine Unordnung und keinen Lärm, und den machen Kinder nun mal. Ich glaube, sie hatte auch Angst davor, die*

anderen Kinder könnten zu Hause erzählen, wie es bei uns aussah, obwohl es da ja nichts zu verbergen gab.
Wenn doch einmal alle Jubeljahre Gäste, meist Verwandte meiner Eltern, zu Besuch kamen, war Mutter schon Wochen vorher gestresst. Schließlich musste alles perfekt sein. Nachdem der Besuch gegangen war, war sie entweder fix und fertig oder sauer, wenn nicht alles so gelaufen war, wie sie es sich vorgestellt hatte oder wenn man sie scheinbar nicht genug gelobt hatte. Ich habe auch nie erlebt, dass meine Eltern gern woandershin gingen.
Ich selbst schließe auch nur schwer Bekanntschaften. Zu Beginn meiner Ehe gab es deshalb Probleme, da ich mich irgendwie doch wie meine Mutter benahm. Mein Mann hingegen hat schon von Berufs wegen zahlreiche Kontakte. Wenn wir wohin eingeladen waren, graute mir fast immer davor. Und hatten wir selbst Gäste, war ich vorher krank vor Aufregung. Langsam aber sicher gewinne ich jedoch Spaß daran, mit anderen in Kontakt zu kommen, sie einzuladen und zu besuchen. Ich lerne zunehmend, wie kreativ man im Kontakt mit anderen Menschen sein kann und welche Bestätigung man im Umgang mit anderen erhält. Ich habe das Gefühl, dass sich heute unsere Gäste bei uns wohl fühlen.“

Wer Freunde ohne Fehler sucht, bleibt ohne Freund.
Orientalische Lebensweisheit

Was diese Schilderung deutlich zeigt, ist der Zusammenhang zwischen sozialer Angst und Hemmungen und dem Vorbild der Eltern sowie den Lernerfahrungen in der Kindheit. Vorbild und Lernerfahrungen sind Voraussetzungen dafür, ob jemand gehemmt und ängstlich sein wird oder offen und kontaktfreudig. Hier spielen, wie die Beispiele zeigen, vor allem das Verhältnis zu Höflichkeit, Sauberkeit, Ordnung, Pünktlichkeit, Vertrauen, Leistung usw. eine Rolle. Hier finden Sie wieder die inzwischen bestens bekannten Aktualfähigkeiten.

Zwei Aktualfähigkeiten, die für Hemmungen und Ängste zentrale Bedeutung besitzen, sind die Höflichkeit und ihr Gegenstück, die Ehrlichkeit. Auch wenn Höflichkeit in einem anderen Zusammenhang bedeuten kann, dass man über eine Reihe sozialer Fertigkeiten verfügt, besitzt sie in unserem Zusammenhang vor allem die Bedeutung einer Aggressionshemmung: Man erhält durch Höflichkeitsregeln die sozialen Impulse, die in gesellschaftlich festgelegte Kanäle lenken. In der Lernerfahrung eines Menschen können aber solche Kanäle durch Ängste, widersprüchliche Verbote und Gebote, Inkonsequenz der Eltern und schlechte Erfahrungen verstopft sein:

Mit wem du gelacht hast, kannst du vielleicht vergessen, mit wem du geweint hast, nie.
Aus Arabien

Wenn man in einem Bereich Schwierigkeiten hat, verzichtet man so darauf, mit anderen in Kontakt zu treten: „*Für mich zählt nur ein Mensch, der sich gut benimmt. Es kann jemand noch so erfolgreich sein; wenn er nicht die entsprechende Höflichkeit zeigt, ist er bei mir unten durch.*" Diese Aussage einer 53-jährigen Frau zeigt, hinter welcher Maske sich soziale Hemmungen verbergen können. Die Einseitigkeit in den Maßstäben, die hierfür symptomatisch ist, lässt sich am besten am Beispiel eines Kaufmanns verdeutlichen.

Ein erfahrener Kaufmann wird sein ganzes Kapital nicht in ein einziges Geschäft stecken, sondern es vernünftig auf eine Reihe von Geschäften verteilen. Der Gehemmte verhält sich genau umgekehrt: Er investiert sein gesamtes Gefühlspotenzial in einen Bereich. Die Frau unseres Beispiels sieht nur die Höflichkeit; eine andere Frau unternimmt mit den Kindern nichts mehr, weil eines der Kinder sie öfter durch Unordentlichkeit geärgert hatte. Hier nimmt die Ordnung die Rolle eines solchen Fixpunktes ein. Auch der Fall des kontaktgehemmten Studenten gehört hierher: Er legt das ganze Gewicht seiner Persönlichkeit, sein gesamtes Selbstwertgefühl, sprich sein ganzes Kapital, in einen einmaligen Kontaktversuch. Misslingt dieser Versuch, und das ist gar nicht so unwahrscheinlich, kann er – bildlich gesprochen – den Konkurs anmelden, denn er hat ja sein ganzes Kapital in diesem einen misslungenen Versuch verloren.

Hemmungen und Ängste sind also ein Signal dafür, dass einzelne Bestrebungen und Fähigkeiten verdrängt und unterdrückt worden sind. Hemmungen und Ängste sind somit nicht nur negativ zu bewerten, sondern können die Bedeutung eines Signals, einer Chance erhalten. Voraussetzung dafür ist, dass man erkennt, welche Störungen hinter diesen Hemmungen und Ängsten verborgen sind, und dass man bereit ist, sich mit diesen Störungen auseinander zu setzen.

Man sollte aber Folgendes bedenken: Hemmungen und Ängste sind nicht notwendigerweise Störungen. Sie gehören zur Entwicklung eines jeden Menschen. Erst wenn sie sich von der Wirklichkeit loslösen, gewissermaßen ein eigenes Leben führen und die Persönlichkeit eines Menschen einschränken, erhalten sie den Charakter von Symptomen.

Abbau von Hemmungen und sozialen Ängsten

Was lässt sich gegen Hemmungen und soziale Ängste unternehmen? Fünf Stufen haben sich im Rahmen einer Selbsthilfe als praktisch und brauchbar erwiesen. Auf ihnen kann man auch soziale Ängste und Hemmungen, Aggressionen und falsche Nachahmungen aufarbeiten.

Prüfe den Freund, mit dem du verkehren willst; dann erst verkehre mit ihm.

Orientalische Lebensweisheit

1. Stufe

Wir beobachten erst einmal, in welchem Bereich, wo, wem gegenüber und wann unsere Hemmungen auftreten. Die Aussage: „Ich bin ein gehemmter, ängstlicher Mensch“, ist verallgemeinernd und damit meistens einseitig. Auf dieser Stufe sollte man sich selbst und die Reaktionen der anderen beobachten und aufschreiben. Das Aufschreiben ist als Gedächtnishilfe und Selbstkontrolle besonders wichtig. Auf dieser Stufe sollte man nicht mit einem anderen, außer vielleicht einem Therapeuten, über Probleme sprechen. Stattdessen spricht man mit sich selbst auf dem Papier, d. h., man schreibt auf, bewahrt sich so vor Einmischungen sowie voreiligen Schlüssen, und gewinnt erst einmal Klarheit. Auf dieser Stufe sind Geduld und Zeit besonders wichtig: „Wissen ist Macht, Sehen ist Allmacht.“ (Orientalische Lebensweisheit)

2. Stufe

Wie stellt man fest, in welchen Bereichen man gehemmt, in welchen man weniger gehemmt ist? Nachdem wir uns eine Zeit lang, vielleicht eine Woche, beobachtet haben, notieren wir unsere Beobachtungen systematisch auf dem differenzierungsanalytischen Inventar (DAI) (siehe S. 41). Sie markieren, welche Fähigkeiten besonders gut und welche weniger gut ausgeprägt sind. Hieraus lassen sich Schlüsse auf Hemmungen und Ängste ziehen: Beziehen sich meine Ängste auf mangelndes Vertrauen zu mir, zum Partner? Gehen sie aus dem Bedürfnis nach übertriebener Ordnung, nach Perfektionismus hervor? Gehen sie auf meine Höflichkeit zurück?

Heuchelei ist Selbsterniedrigung.
Aus Vorderasien

Das DAI hilft festzustellen, dass man nicht nur negative Eigenschaften und Hemmungen hat, sondern über eine Reihe von positiven Eigenschaften verfügt, die man oft genug übersehen hat, weil sie im Schatten der Ängste und Hemmungen stehen: „Wenn du zwei Menschen gleich behandelst, tust du mindestens einem Unrecht!“ (Lebensweisheit)

3. Stufe

Statt wie bisher die Hemmungen und Ängste zu verallgemeinern und sich aus dem sozialen Feld zurückzuziehen oder in Verzweiflungsversuchen immer wieder Misserfolge zu ernten, versucht man gerade festzustellen, wie man die eigenen Stärken im Sinne des sozialen Kontaktes einsetzen kann. Hier besteht die Möglichkeit, an Stelle von Misserfolgen Erfolge zu ernten. Wir sehen also – bildlich gesprochen – die Dunkelheit nicht als Dunkelheit, sondern lediglich als Mangel an Licht. „Es ist besser, eine Kerze anzuzünden, als über Dunkelheit zu klagen!" (Konfuzius)

4. Stufe

Nachdem man seine Stärken und Schwächen erkannt hat und feststellen konnte, dass man genügend Grund hat, sich selbst zu vertrauen, ist jetzt ein weiterer Schritt nötig: aktiv Konsequenzen aus unserer Erkenntnis zu ziehen. Das heißt, wir treten jetzt in Kontakt mit den negativen Bereichen. Anstatt sich zurückzuziehen und damit die Hemmungen zu bestätigen, sucht man jetzt die Konfrontation: Man spricht mit anderen, hört sie an und sagt seine Meinung, auch auf die Gefahr hin, die freundlichen Blicke der anderen zu verlieren. Somit werden übertriebene Höflichkeit und mangelnde Ehrlichkeit zu einem Schlüsselkonflikt. Ehrlichkeit bedeutet, das zu sagen, was man für richtig hält. Sie bedeutet weiterhin, die eigenen Interessen durchzusetzen. Höflichkeit dagegen meint, auf andere Rücksicht zu nehmen, Aussagen sachlich darzulegen, bestimmte Formen zu wahren, sich zu überlegen, wo, wann und wem gegenüber man was sagt: „Reibung erzeugt Wärme!"

Ein edler Geist kennt keine Furcht.
William Shakespeare

Exkurs: Höflichkeit und Ehrlichkeit als Schlüsselkonflikt

Das Verhältnis von Höflichkeit und Ehrlichkeit ist der Schlüsselkonflikt in der Begegnung mit anderen Menschen auf der Stufe der Verbalisierung. Höflichkeit bedeutet hier Anerkennung der konventionellen Formen in den zwischenmenschlichen Beziehungen, Vernachlässigung eigener Bedürfnisse und Interessen gegenüber den Bedürfnissen und Interessen anderer und schließlich sozialbezogene Aggressionshemmung *„Ich habe Angst, meine Meinung offen zu sagen, weil ich die Zuneigung der anderen nicht verlieren möchte."*

Ehrlichkeit dagegen bedeutet, sich für eigene Interessen und

Bedürfnisse einzusetzen, auch für die Interessen anderer. *„Ich sage immer meine Meinung, gleichgültig, ob es den anderen passt oder nicht."*

Um die eigene Konfliktlage und seine Kommunikationsmöglichkeiten zu erfassen, prüft man seine Erfahrungen und seine Einstellungen gegenüber Höflichkeit und Ehrlichkeit und belegt sie durch konkrete Situationen. Es zeigen sich in diesem Zusammenhang drei typische Reaktionsformen, die im Wesentlichen mit den drei Reaktionstypen übereinstimmen.

Besser einen aufrichtigen Feind, als einen falschen Freund.

Orientalische Lebensweisheit

Der Höfliche: Er hält aus Rücksicht auf andere mit seiner Meinung hinter dem Berg: *„Das kann ich doch nicht sagen."* Er hegt die Erwartung, dass die anderen ihm seine Wünsche von den Augen ablesen: „Das können die sich doch denken." Die enttäuschten Erwartungen sammeln sich hinter der Maske der Höflichkeit und äußern sich darin, dass der Höfliche sich zurückzieht oder psychosomatische Beschwerden entwickelt. „Die hätten sich doch denken können, dass ich mich dafür interessiere. Stattdessen denken sie nur an sich; mit solch egoistischen Menschen kann ich nicht zusammenleben."

Der Ehrliche: Er sagt seine Meinung gerade heraus, sagt, was er denkt, gleichgültig, ob er seinen Partnern damit auf die Füße tritt oder nicht: *„Ich habe ihm meine Meinung gesagt. Wenn er das nicht verträgt, kann er mir gestohlen bleiben."* Er setzt seine Interessen durch und gilt daher als Egoist und ichbezogen. Von seiner Umgebung wird seine Ehrlichkeit unter Umständen aber auch geschätzt. Häufiger ist jedoch das Unverständnis der anderen, die sich durch den „Egoismus" brüskiert fühlen. Eine Folge davon können Schuldgefühle sein. In letzter Konsequenz kommt es zu ehrlichem Stolz: „Ich denke gar nicht daran, jemandem ein X für ein U vorzumachen. Was wahr ist, muss wahr bleiben."

Der Wankelmütige: Er pendelt zwischen Höflichkeit und Ehrlichkeit, zwischen Aggression und Schuldgefühlen: *„Es tut mir Leid, dass ich so schonungslos mit ihm umgegangen bin. Ich weiß nicht, wie ich es wieder gut machen kann."* „Die längste Zeit habe ich nichts gesagt und alles in mich hineingeschluckt. Jetzt ist mir aber der Geduldsfaden gerissen und ich habe ihm Wort für Wort gesagt, was ich von ihm denke."
Die Ambivalenz kann sich auf verschiedene Aktualfähigkeiten verteilen: „Wenn meine Frau zu spät kommt, blase ich ihr sofort den Marsch. Aber als ich jetzt gehört habe, dass sie einen Freund hat, brachte ich kein Wort heraus."
Dieses Verhältnis kann sich in der Beziehung zu verschiedenen Personen unterschiedlich gestalten: „Vor seinem Chef duckt er, aber sie sollten ihn mal zu Hause sehen!"

Die erste Aufgabe auf dieser Stufe ist, den eigenen Höflichkeits-/Ehrlichkeitstyp auszumachen und das Höflichkeits-/Ehrlichkeitsverhalten möglichst detailliert und situationsgemäß zu beobachten und darzustellen.
Damit werden *kommunikative Fähigkeiten* entwickelt, die beispielsweise darin bestehen, dass man sich traut zu sagen, was einem gefällt oder nicht, was man möchte oder ablehnt und dass man dies so tut, dass sich die anderen akzeptiert fühlen und verstehen können, was man meint. Außerdem werden *metakommunikative Fähigkeiten* angesprochen, die darin bestehen, dass man in der Lage ist, Kommunikationsstörungen zu erkennen, ihre Bedingungen und Ursachen zu erfassen, die beteiligten Missverständnisse und Konzepte wahrzunehmen und womöglich die Störungen zu beheben.

Man kann einen Vorsatz nicht sicherer abstumpfen, als wenn man ihn öfters durchspricht.
J. W. von Goethe

Fragen zum Thema „Höflichkeit/Ehrlichkeit"
Wer von Ihnen legt mehr Wert auf Höflichkeit (Rücksicht, gutes Benehmen)? Was empfinden Sie, wenn Ihr Partner nicht die er-

wartete Höflichkeit (Rücksichtnahme) zeigt (Situation)? Sind Sie mehr höflich oder ehrlich? Achten Sie sehr darauf, was die anderen über Sie sagen? Schlucken Sie lieber den Ärger in sich hinein, als gute Beziehungen aufs Spiel zu setzen? Wer von Ihren Eltern legte mehr Wert auf gutes Benehmen? Wer von Ihnen kann seine Meinung offener sagen? Haben oder hatten Sie Probleme mit sich oder Ihrem Partner wegen Unehrlichkeit (Situationen)? Wie reagieren Sie, wenn jemand Sie belügt (nennen Sie Situationen)? Sind Sie mit der Wahrheit großzügig oder eher übergenau, gebrauchen Sie ab und zu Notlügen? Erzählen Sie anderen viel oder wenig von sich selbst (Offenheit)?

5. *Stufe*

Geduld ist bitter, aber ihre Frucht ist süß.

Orientalische Lebensweisheit

Die fünfte Stufe ist die Stufe der Zielerweiterung. Mit anderen Worten: Man versucht, sein Kapital möglichst breit zu streuen und somit ein festes Fundament zu erhalten. Das heißt konkret: Wir gehen nicht mehr nur von unseren Hemmungen aus, sondern versuchen, unsere Fähigkeiten zu differenzieren und zu entfalten. Mit anderen Worten: Wir belassen es nicht dabei, festzustellen: „Ich bin ein gehemmter Mensch“, sondern versuchen, neue Interessengebiete zu eröffnen und neue Bereiche kennen zu lernen. Statt sich zurückzuziehen, besuchen wir Konzerte und Veranstaltungen, statt mit der „Superfrau“ und mit dem „Supermann“ Beziehungen zu suchen, suchen wir sie bei der Kollegin oder beim Kollegen. Wir nehmen jetzt Einladungen an, laden andere ein, nehmen an Vorträgen und Seminaren, für die wir uns interessieren, teil, stellen Fragen und ärgern uns hinterher nicht darüber, dass alles so unverständlich gewesen sei.
Als Orientierung dienen die vier Qualitäten des Lebens (Körper, Leistung, Kontakt, Fantasie/Zukunft). Dies ermöglicht, neue Beziehungen auch zu anderen Lebensbereichen zu entfalten und/oder zu intensivieren. Besonders wichtig ist es, dass man Erfahrungen aus der Vergangenheit für die Gegenwart und die Zu-

kunft nutzbar macht: „Ein Mensch blickt in die Zeit zurück und sieht: sein Unglück war sein Glück!“ (Eugen Roth)

Fragen zum Bereich „Kontakt“

Folgende Fragen können Ihnen Anregungen geben, sich mit dem Bereich „Kontakt“ auseinander zu setzen. Schreiben Sie Ihre Gedanken auf.

Wer von Ihnen ist kontaktfreudiger? Wer von Ihnen möchte lieber Gäste im Hause haben? Wie fühlen Sie sich, wenn Sie in einer Gesellschaft unter vielen Menschen sind? Fällt es Ihnen schwer, zu anderen Menschen Kontakt aufzunehmen? Wie fühlen Sie sich, wenn Sie viele Gäste haben? Wer von Ihren Eltern war kontaktfreudiger? Hatten Sie als Kind viele Freunde, oder waren Sie eher isoliert? Wenn Ihre Eltern Gäste hatten, durften Sie dabei sein und mitsprechen?

Bedenken Sie: Es reicht nicht, das schönste Kontaktbedürfnis zu haben, wenn Sie nichts in Richtung Kontakt, Besuch, Gäste, Briefe schreiben, telefonieren, ausgehen etc. unternehmen. Kontakte knüpfen und soziale Beziehungen pflegen kann gelernt werden. Kontakttraining allein nutzt wenig, wenn die Kontaktstörungen auf andere Aktualfähigkeiten zurückgehen: Einschränkungen des Kontaktes können aus Gründen der Sparsamkeit, der Ordnung, der Sauberkeit, der Höflichkeit, der Pünktlichkeit etc. geschehen.

Der Tisch schafft mehr Freunde als das Herz.
Pulsius Sirus

Kapitel 14

Der Papagei und der Zuckersack

Ein Kaufmann hatte in Indien einen wunderschönen Papagei erworben. Er liebte das Tier und verbrachte seine ganze Freizeit mit ihm. Mal nahm er den Papagei auf die Schulter, mal auf den Kopf, und immer belohnte er ihn mit einem Zuckerstückchen. Der Zucker wurde für den Papagei der Inbegriff der Liebe seines Herrn. Eines Abends waren der Kaufmann und der Papagei allein im Hause. Der Kaufmann sagte: „Mein Liebster, es ist spät, und ich bin müde. Da heute Abend niemand außer uns im Haus ist, ist es nicht ratsam, dass wir beide schlafen. Wir sind hier nicht sicher, also achte auf das Haus, als wärest du ein Wachmann."

Der Papagei war ganz Ohr und stellte sich vom Kopf bis zur Schwanzfeder auf seine Aufgabe ein. Bald darauf fiel der Kaufmann in wohligen Schlaf, und das Haus lag in tiefer Ruhe. Plötzlich schlug ein Wurfhaken über die Mauer, und an einem Seil zog sich behände ein Einbrecher hoch. Auf leisen Sohlen drang er ins Haus ein. Alles, was er sah, packte er in Säcke und Beutel, außer dem Zuckersack, der seinen Blicken entging. Schließlich blieb nur das leere Haus mit dem gefiederten Wachtmeister, dem Zuckersack und dem schlafenden Kaufmann übrig.

Am nächsten Morgen, als der Kaufmann aufwachte, sah er um sich herum gähnende Leere. Kein Teppich bedeckte mehr den Boden oder die Wände. Vergeblich suchte er in den leeren Räumen. „All mein Hab und Gut hat sich aufgelöst wie Rauch im Wind. Das Haus ist leer wie mein Handteller. Wo sind die Seidenteppiche?", stöhnte der Kaufmann. „Sei beruhigt", antwortete der Papagei, „der Zuckersack ist noch da!" „Wo sind die Juwelen?" „Rege dich nicht auf, der Zuckersack ist noch da!" „Wo sind die Kostbarkeiten, an denen sich meine Seele erfreute?" „Sei still, der Zuckersack ist noch da." „Wer war in der Nacht in unserem Haus?", fragte verzweifelt der Kaufmann. „Ein Mann kam, aber es dauerte nicht lange, dann ging er wieder seines Weges", erwiderte der Papagei. „Glaube mir", beteuerte er, „nicht ein Zuckerkörnchen ist abhanden gekommen. Alles, was du mir gesagt hast, habe ich beherzigt. Die ganze Nacht habe ich den Zuckersack nicht aus den Augen gelassen. Für uns ist doch der Zucker das Wertvollste, mein Herr! Wie soll ich wissen, was für die wertvoll ist!"

Nach P. Etassami, persische Dichterin

Vom Missverständnis zum Verstehen

Missverständnisse entstehen auf Grund verschiedener Bewertung von sozialen Normen. Im Konfliktfall kann es zu einer Überbewertung oder einer Unterbewertung der sozialen Norm des Partners oder durch den Partner kommen, die es zu erkennen gilt.

Ein Beispiel aus der Praxis. Ein Paar macht einen Einkaufsbummel. Sie sieht in der Auslage ein Kleid, das 850 Mark kostet, und sagt: „Ist das aber ein schönes Kleid!" Er antwortet: „Das rentiert sich nicht." Sie wird sauer und erwidert: „Du hörst mir nicht zu." Er entgegnet: „Ich höre dir doch zu!" Ein Problem oder ein Missverständnis entsteht, weil nicht offen und ehrlich miteinander kommuniziert wird und Zusammenhänge im Gespräch nicht gesehen werden. Wichtig ist zu verstehen, welches Thema inhaltlich hinter den Aussagen steht und welche Widerstände vorhanden sind.

Das Geld ist wie Metall, das sowohl gut isoliert als auch gut leitet.
Orientalische Lebensweisheit

In unserem Beispiel steht das Thema „Sparsamkeit" im Vordergrund. Es ginge darum, den Partner zu ermutigen. Dazu muss das Positive an seiner Einstellung erkannt und gewürdigt werden und es gilt, die Motive für seine Aussage oder sein Handeln herauszufinden. So kann aus der Krise gelernt und eine Wiederholung oder „Wieder-Handlung" vermieden werden. An deren Stelle kann eine konstruktive Zielerweiterung treten nach dem Motto: „Reibung erzeugt Wärme."

Zwei Beispiele aus der therapeutischen Praxis sollen Missverständnisse und ihre Lösung darstellen.

Ich will ja nur dein Bestes

Eine 35-jährige Frau lebt mit ihrer 62-jährigen Mutter zusammen. Der Tochter haben verschiedene Fachleuten die Diagnose Schizophrenie gestellt. Sie steht seit Jahren unter medikamentöser Behandlung. Die Patientin hat trotz ausreichender Intelligenz keinen Beruf gelernt, stattdessen hilft sie der Mutter seit jeher im Haushalt. Zwischen den beiden bestand eine verschworene Gemeinschaft, seit sich der Vater vor 28 Jahren von der Familie getrennt hatte. Die Mutter, eine sehr intelligente und resolute Dame, hatte ihrer Tochter immer alle Schwierigkeiten aus dem Weg geräumt, sie aber zugleich an ihrer eigenständigen Entwicklung gehindert. Ein Ausschnitt aus dem Dialog zwischen den beiden:

Mutter: „Komm, das Essen ist fertig.“

Tochter: „Ja, Mutti, ich komme.“

Tochter: „Mutti, das Essen schmeckt sehr gut.“

Mutter: „Dann iss doch!“

Zwei Tage später.

Mutter: „Du bist in der letzten Zeit richtig dick geworden, beinahe hässlich siehst du aus. So wie du aussiehst, bekommst du keinen Mann. Mit einem Beruf draußen wird es bei deinem Aussehen auch nicht so leicht klappen.“

Jeder hält seine Ansicht und sein eigenes Kind für vorzüglich.

Orientalische Lebensweisheit

Tochter: „Ja, Mutti, du hast Recht.“

Am folgenden Tag.

Mutter: „Komm, das Essen ist fertig.“

Die Tochter isst einige Löffel, legt dann den Löffel weg.

Mutter: „Warum isst du nicht, das schmeckt dir wohl nicht?“

Tochter: „Ich will etwas weniger essen, ich möchte abnehmen.“

Mutter: „Für wen koche ich denn, auf ein bisschen kommt es außerdem nicht an.“

Tochter: „Nein, ich bin zu dick, ich will abnehmen.“

Mutter: „Du bist frech und undankbar. Warum hast du die Haare nicht gekämmt?“

Tochter: „Ich sage dir, ich will abnehmen. Du kannst mich nicht überreden.“

Die Mutter weint, greift sich ans Herz und atmet schwer.

Mutter: „Ich bin am Ende, ich bin am Ende.“

Die Tochter bemüht sich um die Mutter und isst, nachdem sich die Mutter beruhigt hat, den ganzen Teller leer. An den folgenden Tagen isst die Tochter so gut, dass die Mutter keinen Grund hat, sich zu beschweren. Sie ist gehorsam. Jedes Mal, wenn die Tochter versucht, ihren Willen gegen die Anordnungen der Mutter durchzusetzen, sucht die Mutter die Flucht in die Krankheit, im gleichen Stil, wie im oben beschriebenen Dialog.

Wahrheit ist ein Stein, der sich in Wasser nicht auflöst.
Orientalische Lebensweisheit

In diesem Dialog wird offenkundig, dass die Handlungsweisen der Mutter (sie möchte für das leibliche Wohl der Tochter sorgen) gut gemeint sind. Dieser gute Wille erscheint jedoch eingeschränkt durch andere Tendenzen, die für beide Betroffenen unbewusst sind. Die Tochter sieht ein, aufmerksam gemacht durch die aggressive Äußerung der Mutter, dass sie zu dick ist und damit privat und beruflich Nachteile zu erwarten hat. Konsequenterweise möchte sie abnehmen. Von der Seite der Mutter kommen folgende Tendenzen ins Spiel: Sie möchte die Tochter für sich behalten, zumal die anderen zwei Töchter an einem anderen Ort wohnen. Die Abmagerungsversuche der Tochter müssen aus diesem Blickwinkel als Versuch gesehen werden, sich abzunabeln, etwa um einen Mann zu finden oder einen Beruf zu ergreifen.
Dass die Tochter das Essen zurückweist, ist für die Mutter so, als wäre sie selber zurückgewiesen worden. Als Reaktion muss die Tochter wieder dazu gebracht werden, so viel wie möglich zu essen, was wiederum die objektive Abhängigkeit von der Mutter verstärkt. Wir erkennen unter der guten Absicht der Mutter tiefer liegende unerfüllte Wünsche, Erwartungen, Ängste und Aggressionen. Sie wünscht sich, nicht allein und verlassen zu sein. Zugleich soll die Tochter das tun, was und wie die Mutter es sich vorgestellt hat.

Im Rahmen der fünfstufigen Behandlungsstrategie der Positiven Psychotherapie wurde die Tochter als „Therapeutin" für ihre

Mutter gewonnen. Die Motive der Mutter wurden aufgedeckt und es wurde geklärt, wie die Tochter auf sie zugehen sollte und ihre Zuwendung positiv wahrnehmen konnte. Die Mutter selbst konnte zu einer Psychotherapie bewegt werden. Als zentraler Konflikt zwischen den beiden wurde die Auffassung der Mutter festgestellt, ihre Tochter brauche Unterstützung im Umgang mit Geld.

100 Millionen für einen gelösten Konflikt

Ein anderes Beispiel soll ein Missverständnis in einem Paarkonflikt verdeutlichen.

Ein 52-jähriger erfolgreicher Architekt ist seit 23 Jahren mit einer vier Jahre jüngeren Frau verheiratet. Die beiden haben drei Kinder. Die Rollenverteilung in der Familie war klar: Der Mann kümmerte sich um das Geschäft, das berufliche Fortkommen – sein Unternehmen hatte es auf circa 400 Niederlassungen gebracht – und die Außenkontakte. Die Ehefrau hatte sich von Anbeginn der Ehe für Haushalt, Kinder und die emotionale Sicherheit ihres Mannes interessiert und verantwortlich gefühlt. Über 22 Jahre verlief diese Partnerschaft, wie beide bekundeten, in Harmonie. Das Gleichgewicht wurde jedoch in dem Augenblick empfindlich gestört, als die Kinder (21 und 22 Jahre) das Elternhaus verließen.

Damit versiegte die wesentliche Quelle der Selbstwertbestätigung für die Frau. Sie begann, sich leer, nutz- und sinnlos zu fühlen. Beim Tennisspielen lernte sie einen anderen Mann kennen, zog von zu Hause aus und signalisierte ihrem Mann auf diese Weise ihre Unzufriedenheit. Anlässlich eines privaten Versöhnungstermins äußerte der Ehemann mit größter Freude: „Ich bin froh, dass du wieder zu mir zurückkommen möchtest. Du wirst sehen, ich werde den Umsatz unseres Unternehmens in diesem Jahr von 70 Millionen auf 100 Millionen steigern."

Das Glück erkennt man nicht mit dem Kopf, sondern mit dem Herzen.
Aus Norwegen

Seine Frau reagierte darauf schockiert. Offenkundig, so erlebte sie es, war sie nur gut für Geschäft und Umsatz. Für sie wurden ihre Gefühle mit Füßen getreten. Daher war sie sehr erstaunt, als sie in den therapeutischen Gesprächen immer wieder feststellen durfte, dass ihr Mann ihr eigentlich sein Bestes schenken wollte, das, was früher einen wesentlichen Teil ihrer gemeinsamen Aktivität ausgemacht hatte. Er bot ihr gewissermaßen eine neue Zukunft, die sie aber vor allem deshalb unbefriedigt ließ, weil sie darin kaum einen Platz fand oder selbst etwas aktiv dazu beitragen konnte. Das Gespräch über die Entwicklung der jetzigen familiären Situation in der Partnertherapie half zu einem besseren gegenseitigen Verständnis: Der Ehemann vergötterte den im Krieg gefallenen Vater und hatte den Wunsch, ihm in dieser idealisierten Leistungsfähigkeit zu entsprechen oder ihn sogar zu übertreffen.

Die Zeit erkauft man nicht mit Geld.

Orientalische Lebensweisheit

Bei der Ehefrau herrschte das Gefühl vor, den jüngeren Geschwistern gegenüber benachteiligt worden zu sein. Ihre Bereitschaft, durch Selbstaufopferung zu der von ihr dringend benötigten Anerkennung zu gelangen, war bemerkenswert. Die aktuellen Entwicklungen der letzten fünf Jahre (Scheidung der Eltern der Ehefrau, Tod ihrer geliebten Großmutter und schließlich, als Schlimmstes, das Erlebnis des leeren Nestes) hatten die bis dahin bestehende Harmonie mit einem Fragezeichen versehen und zunächst die Frau zur Suche nach neuen Antworten bewegt.

Vor dem aktuellen Konflikt war der Ehemann einseitig an Leistung und Erfolg orientiert. Seine Frau übernahm arbeitsteilig die Verantwortung für die Familie. Durch diesen Konflikt hatte sich das Bild verschoben. Als der familiäre Aufgabenbereich durch den Auszug der Kinder eingeschränkt worden war, besann sich die Ehefrau zunehmend auf den Bereich der Fantasie; mit anderen Worten: auf die Entwicklungsmöglichkeiten ihrer noch nicht gelebten Fähigkeiten.

Ihr Mann wünschte, dass die Beziehung zu seiner Frau wiederhergestellt wurde und intensivierte daraufhin seine besondere Stärke – die Leistungsfähigkeit. Er schlug gemeinsame Reisen als Grundlage eines neuen Wir-Gefühls vor. Diese Kompromisslösung ließ jedoch noch einige Bereiche offen. Der erreichte Zustand entsprach einer grundsätzlichen Verhandlungsbereitschaft. Die Stabilität der Lösung hing davon ab, inwieweit es beiden gelingen würde, Beziehung zu den anderen Bereichen der Erkenntnis- und Liebesfähigkeit aufzunehmen, das heißt, wie breit ihre neue gemeinsame Basis sein würde.

Der gute Vorsatz gleicht manchmal einer Leiter, die zu kurz ist.

Aus Frankreich

Kapitel 15

Der Mullah und der Stallmeister

Der Mullah, ein Prediger, kam in einen Saal, um zu sprechen. Der Saal war leer, bis auf einen jungen Stallmeister, der in der ersten Reihe saß. Der Mullah überlegte sich: „Soll ich sprechen oder es lieber bleiben lassen?" Schließlich fragte er den Stallmeister: „Es ist niemand außer dir da, soll ich deiner Meinung nach sprechen oder nicht?" Der Stallmeister antwortete: „Herr, ich bin ein einfacher Mann, davon verstehe ich nichts. Aber wenn ich in den Stall komme und sehe, dass alle Pferde weggelaufen sind und nur ein einziges dageblieben ist, werde ich es trotzdem füttern." Der Mullah nahm sich das zu Herzen und begann seine Predigt. Er sprach über zwei Stunden lang. Danach fühlte er sich sehr erleichtert und glücklich und wollte durch den Zuhörer bestätigt wissen, wie gut seine Rede war. Er fragte: „Wie hat dir meine Predigt gefallen?" Der Stallmeister antwortete: „Ich habe bereits gesagt, dass ich ein einfacher Mann bin und von so etwas nicht viel verstehe. Aber wenn ich in einen Stall komme und sehe, dass alle Pferde außer einem weggelaufen sind, werde ich es trotzdem füttern. Ich würde ihm aber nicht das ganze Futter geben, das für alle Pferde gedacht war."

Wie man sein eigenes Konzept lebt

Konfliktsituationen lassen sich als Auseinandersetzung zwischen abweichenden Werthaltungen beschreiben. Diese sind als Einstellungen und Verhaltensmuster relativ stabil. Allerdings sind nicht alle Konzepte für den Lebensplan eines Menschen und die Struktur einer Gruppe gleich wichtig. Sie wirken in unterschiedlicher Intensität auf Verhalten und Gefühle. Wir unterscheiden daher verschiedene Arten von Konzepte.

Aktualkonzepte, auch situative Konzepte genannt, sind unmittelbare Motive eines Verhaltens und werden vorrangig durch situative Faktoren beeinflusst. Ein solches situatives Konzept kann in der Klage einer Frau enthalten sein, deren Mann keine Anstalten macht, seine Sachen im Wohnzimmer wegzuräumen: „Die Schlamperei meines Mannes geht mir auf die Nerven." Diese Feststellung sagt sowohl etwas über den Mann als auch über die Frau, die diese Meinung äußert.

Ordne zuerst dein Leben, dann die Welt.
Lebensweisheit

Grundkonzepte, wir nennen Sie auch persönlichkeitsgebundene Konzepte, wiederholen sich, oft unabhängig von der Situation, in der sie realisiert werden. Man verhält sich in einem persönlichen, unverwechselbaren Stil, der den Spielregeln gehorcht, nach denen ein Mensch zu leben gewohnt ist. Dieser kann sie nicht ohne weiteres zu Gunsten momentaner Bedingungen aufgeben, selbst wenn sie ihn immer wieder in Gefahren und Schwierigkeiten gebracht haben. Konzepte allerdings „spielen Versteck". Es ist ihnen von außen nicht anzusehen, wie eng sie mit dem Erleben, den Handlungen und dem Selbstwertgefühl eines Menschen verknüpft sind. In diesem Sinne kann ein situatives Konzept symptomatische Züge des Grundkonfliktes enthalten.

Hinter scheinbar oberflächlichen Aussagen versteckt sich nicht selten ein ichnaher Appell. Die Klage der Frau über die Unordnung ihres Mannes kann in diesem Sinne eine andere Nuancierung erhalten und auf ein persönlichkeitsgebundenes Konzept hinweisen. Die Phrase „Ordnung ist das halbe Leben" tritt hier in der vollen Bedeutung in Kraft. Dieser Satz gibt in geballter Form ein Grundkonzept wieder, das weite Verhaltensbereiche abdeckt und das persönliche Gesamtsystem umfasst. In diesem Fall wird der Satz „Ordnung ist das halbe Leben" zu einem Konzept, welches das Verhalten eines Menschen und seine Erwartungen sich selbst und anderen gegenüber bestimmt. Wir können diesen Prozess als Generalisierung beschreiben.

Falle siebenmal, stehe auf das achte Mal.
Aus Japan

Die mit einem solchen Konzept verbundene Generalisierung reicht weiter. Jemand, der das optimistische Motto „Nimm's leicht" vertritt, hat andere Möglichkeiten der Konfliktverarbeitung als einer, der auf Erfolge oder Misserfolge resignierend mit „Was soll's?" reagiert. Das Grundkonzept beschreibt somit die kognitiven und emotionalen Strukturen, nach denen ein Mensch auf Konflikte reagiert. Es spiegelt in verdichteter Form den Grundkonflikt wider: die individuelle Lernvergangenheit und die übernommenen Traditionen, die „kollektive oder individuelle Mythologie".

Unter der *individuellen Mythologie* verstehen wir die Konzepte als Kristallisation von Einstellungen eines einzelnen Menschen. Die *kollektive Mythologie* umfasst Konzepte, die sich vom Individuum losgelöst und in der Kommunikation und Tradition soziale Wirklichkeit erlangt haben. Wir alle verfügen über solche Mythologien, über nicht bewusst kontrollierte Konzepte und umfassendere Bezugssysteme, die unsere Möglichkeiten festlegen. Noch allgemeiner: Jedes Verhalten und jede Einstellung steht im Rahmen von Grundkonzepten.

Im Folgenden wird ein *Familienkonzept* vorgestellt. Unter dem Begriff „Familienkonzept" verstehen wir die Einstellungen, Werte und Aktualfähigkeiten, die innerhalb einer Familie wirksam sind. Das folgende sehr persönliche Beispiel kann Ihnen dabei helfen, Ihren eigenen Konzepten und Aktualfähigkeiten nachzugehen.

Geschichte einer Familie

Mein Großvater väterlicherseits war Schneider und während seiner Wanderzeit als Geselle von Schlesien kommend in S. hängen geblieben. Er war evangelisch. Er heiratete meine Großmutter, eine Katholikin aus dem Teutoburger Wald. Wie und wo sie sich kennen gelernt haben, ist mir nicht bekannt. Sie hatten zusammen sieben Kinder und mussten sehr sparsam leben, was sich bei meinem Großvater zu einem fast krankhaften Geiz auswuchs.

Meine Großmutter ernährte die Familie von dem, was der Garten und der Hühner- und Schweinestall hergab, geldliche Unterstützung bekam sie von ihrem Mann kaum. Außerdem betrieb sie noch einen Kolonialwarenladen. Mein Großvater war bekannt als guter Schneider und hat sicherlich auch verhältnismäßig gut Geld verdient, wovon seine Familie nichts gemerkt hat. Probleme wurden in der Familie nicht ausgetragen, meine Großmutter zog sich in die Kirche bzw. zur Bibel zurück, sie ist mir als eine sehr gütige und liebe Frau in Erinnerung geblieben, die ihr Schicksal mit großer Geduld hingenommen hat.

Wer liebt, herrscht ohne Gewalttat und dient, ohne Sklave zu sein.
Zenta Maurina

Mein Großvater dagegen machte einen abweisenden, kalten Eindruck, auf Körperkontakt hätte ich mich mit ihm nie einlassen können, außer dass man die Hand zum „Guten-Tag-Sagen“ gibt. Er wirkte auf mich unaufrichtig und falsch. Ich glaube, dass er nicht nur auf mich so wirkte, ich könnte mich nicht erinnern, dass eines von den vielen Enkelkindern einen herzlichen Kontakt mit ihm gehabt hätte. Von den Leuten im Dorf wurde manchmal behauptet, er stünde mit dem Teufel im Bunde. Als er im hohen Alter mit in unserem Haus lebte, gab es manchmal auch seltsame Ereignisse.

Lebensweisheiten oder Sprüche aus dieser Familie sind mir

nicht bekannt, außer dass man im Vertrauen auf Gott leben soll, denn was Gott tut, ist gut getan. In diesem Haus gab es keine Aktivitäten, keine Initiativen, etwas zu ändern.

Zwei Brüder meines Vaters sind im Krieg geblieben, alle anderen Geschwister haben auch diese passive Haltung übernommen, auch mein Vater. Er hat für damalige Verhältnisse Karriere gemacht, er wurde Chef einer Volksbank, aber nur durch seinen beständigen Fleiß. Da gab es keine großen zündenden Ideen, nur eine unheimliche Geduld. Ansonsten hatte er das freundliche, gütige Wesen seiner Mutter geerbt, mit der Kirche und der Bibel hatte er es nicht so, seine frömmelnden Schwestern waren ihm abschreckende Beispiele. Er war sehr kontaktfreudig, hatte viele Freunde, dabei waren sicherlich auch viele Freundschaften oberflächlicher Natur. Seine für ihn gültigen Sprüche waren: „Eile mit Weile", „Morgen ist auch noch ein Tag", „Das letzte Hemd hat keine Taschen."

Ein Mann ohne Freund ist wie die rechte Hand ohne die linke.

Orientalische Lebensweisheit

Mein Großvater mütterlicherseits war Zimmermann, und ich weiß nicht, ob er auch während seiner Gesellenzeit auf Wanderschaft war oder wie er meine Großmutter kennen gelernt hat. Sie wohnte in einem Ort ungefähr 80 km entfernt. Ob sie außer ihrer Zwillingsschwester noch Geschwister hatte, weiß ich nicht. Ihr Großvater war Handelsmann gewesen und hatte seine Frau aus Spanien mitgebracht. Mein Großvater hatte drei Brüder und einen Halbbruder. An ihren Geburtstagen trafen sie sich regelmäßig, sodass man auch als Enkelkind häufig auf die ganze Großfamilie traf, denn meine Familie fuhr auch stets zu den Geburtstagen der Großonkel. Wenn alle kommen konnten, waren auf solchen Geburtstagen bis zu 40 oder 50 Personen versammelt.

Für uns Kinder, bis zu zwanzig an der Zahl, waren das immer herrliche Erlebnisse, weil das immer in ländlicher Umgebung stattfand und es immer reichlich zu essen und trinken gab – durchaus auch Köstlichkeiten. Meine Großeltern hatten acht

Kinder, fünf Söhne und drei Töchter. Auch in dieser Familie sind zwei Söhne im Krieg gefallen. Meine Großmutter versorgte ihre Familie mit allem, was der große Garten und der Schweine- und Hühnerstall hergaben. Eine ganze Zeit lang hatten sie auch zwei Ziegen, die ich sogar gehütet habe. Nach Feierabend bearbeitete sie auch mit meinem Großvater einen Getreide- und Kartoffelacker. Zu der Zeit gab es auch noch ein Pferd. Sie waren sicherlich etwas wohlhabender als meines Vaters Eltern; aber sparen mussten sie auch bei acht Kindern.

Ich habe nie großzügigere Menschen erlebt als diese Großeltern, besser beurteilen kann ich den Großvater, weil meine Oma starb, als ich acht Jahre alt war. Mein Großvater hat regelmäßig seine Pfeife geraucht, an Sonn- und Feiertagen gönnte er sich Zigarren, ihre Reste wurden während der Woche in der Pfeife aufgebraucht. Außerdem trank er regelmäßig morgens und abends einen Schnaps. Die Ehe dieser Großeltern habe ich als sehr harmonisch und fröhlich in Erinnerung. Ich kam einmal dazu, als meine Oma sagte, er wäre manchmal ein zu fleißiger Bock, er käme in der Nacht zweimal. In dem Alter konnte ich mit der Aussage nichts anfangen.

Achten die Menschen sich selbst, so achten sie gewöhnlich auch die fremde Persönlichkeit.
Samuel Smiles

Mein Großvater hatte immer irgendwelche Sprüche drauf und erzählte Geschichten, sodass er uns Kinder immer wieder damit fesselte oder zum Lachen brachte. Als er Rentner war, lebte mein Onkel mit seiner Familie bei ihm im Haus, mein Großvater gab ihnen sehr viel von seiner Rente, er wollte nur, was er für seinen Genuss – Pfeife, Zigarren und Schnaps – brauchte, für sich behalten. Er hat auch immer uns Enkelkindern Geld geschenkt, weil er sagte: Wenn ihr das Geld irgendwann erbt, liege ich auf dem Friedhof und kann an eurer Freude nicht mehr teilhaben.

Zu dem Elternhaus meiner Mutter und zu der ganzen Verwandtschaft mütterlicherseits habe ich mich immer hingezogen gefühlt, obwohl zum Treffen eine Distanz von 80 km zu überwinden war, und die väterliche Verwandtschaft an meinem Heimatort lebte. Mit meiner mütterlichen Verwandtschaft habe ich heute noch regelmäßigen Kontakt. Ihre Lebensauffassung drückte sich in folgenden Sprüchen aus: „Was du heute kannst besorgen, verschiebe nicht auf morgen“, „Ehrlich währt am längsten“, „Einen fröhlichen Geber hat Gott lieb.“

In meiner Basisfamilie gab es sieben Personen, die beiden Eltern und fünf Kinder, von denen zwei schon vor meiner Geburt starben. Übrig blieben drei Töchter, von denen ich die mittlere war. Vom Wesen und Temperament waren meine beiden Schwestern wie die väterliche Verwandtschaft, bei mir dagegen überwiegt die mütterliche Seite. Ich habe meine Eltern nie streitend erlebt, ich glaube, sie konnten das nicht. Mein Vater war immer bestrebt, Konflikte zu vermeiden. Waren sie unvermeidbar, hat er lieber um des lieben Friedens willen nachgegeben und sich ausgeschwiegen.

Eine frohe Miene verdoppelt die Gabe.

Orientalische Lebensweisheit

Er konnte auch seine Chefposition nicht ausfüllen. Wenn er Schwierigkeiten mit Angestellten hatte oder um die Korrektheit der Arbeitsausführung fürchtete, hat er die Arbeit lieber selbst erledigt, aber auch nach dem Motto: „Morgen ist auch noch ein Tag.“ Mein Vater war ein sparsamer Mensch, aber nur da, wo er es für nötig hielt. Wenn wir im Urlaub waren oder essen gegangen sind oder es wurde gefeiert, dann durften wir uns aussuchen, was uns gefiel und mussten nicht auf den Preis achten.

Da war meine Mutter, obwohl sie aus einem großzügigeren Haus stammte, etwas anders, sie hatte häufig Bedenken, dass wir uns das nicht leisten könnten. Solange wir Kinder klein waren, also bis zur Einschulung meiner vier Jahre jüngeren Schwester, hatten wir auch immer eine Haushaltshilfe. Zu der Zeit wohnten wir in einer Mietwohnung über der Bank. Unser sehr großer Garten, in den später unser Haus gebaut wurde, war ungefähr einen Kilometer entfernt. Den Keller zu unserem nicht kleinen Haus haben meine Eltern größtenteils allein ausgehoben. Ich glaube, sie

wollten etwas Eigenes dazu leisten, und außerdem waren beide immer der Meinung, Arbeit schändet nicht.
Meine Mutter habe ich nie laut mit meinem Vater erlebt: Gab es Meinungsverschiedenheiten, zog sie sich eher schweigend zurück, wobei wir sie auch immer wieder weinend angetroffen haben, aber hauptsächlich in dem Alter, in dem es durchaus schon klimakterisch bedingt sein konnte. Sie hat uns Kindern häufig Wünsche erfüllt (über das Wochenende zu einer Freundin, oder ein für meinen Vater unmögliches Kleidungsstück kaufen wollen etc.), und es fiel auch manchmal der Spruch: „Ich mach das schon, davon muss Vati jetzt erst einmal nichts wissen", oder „Ich sag es ihm hinterher."
Ansonsten haben wir Kinder unsere Mutter als den Motor der Familie empfunden. Für sie galt: Was du heute kannst besorgen, verschiebe nicht auf morgen. Meine Eltern haben gern und viel gelacht. Ich habe sie als harmonisches und gern lebendes Paar in Erinnerung, das uns Kinder auch gut loslassen konnte. Sie konnten zwar nicht schlafen oder haben sich Sorgen gemacht, wenn wir Mädchen abends oder auf Reisen unterwegs waren, aber sie haben uns nichts verboten. Es wurden sachliche Gespräche über das Für und Wider unserer Unternehmung geführt und die Entscheidung durften wir dann selbst treffen.

Jeder Mensch nimmt die Farben seiner Umgebung an.
Aus China

Meine Mutter klärte uns auf, als wir in die Pubertät kamen, bei mir blieb es allerdings bei dem Versuch, weil ich von der Schweinerei nichts wissen wollte. Ein Jahr vorher hatte ich ein Vierteljahr lang nach meinem Unfall im Krankenhaus gelegen und war von meiner 13-jährigen Bettnachbarin auf schweinische, fast pornografisch zu nennende Weise aufgeklärt worden und ertappte mich danach ab und zu bei dem Gedanken: „So etwas machen deine Eltern auch!" Dieser Gedanke tauchte immer wieder auf, bis ich mich mit 13 Jahren in einen Mitschüler verliebte. Wir hatten keinen Sexualkontakt, aber ich lernte bei ihm das angenehme Gefühl des Kribbelns im Bauch beim Küssen und das Gefühl der alles durchflutenden Wärme kennen. Von da an konnte ich auch wieder – zumindest mit meiner Mutter – über Sexualität sprechen. Sie war wieder natürlich zum Leben gehörend integriert, und ich konnte mir durchaus auch etwas Schönes darunter vorstellen. Meine acht Jahre ältere Schwester erzählte mir ja auch hin und wieder davon. Meine Mutter hat uns Töchtern auch immer wieder gesagt, wenn wir ungewollt schwanger würden, wäre das nie ein Grund für Selbstmord oder Abtreibung, wir könnten mit allen Problemen zu den Eltern kommen und sie würden uns helfen, diese gemeinsam zu meistern.

Grundsätze sind wichtiger als Geld und Erfolg.
Konfuzius

Sie waren zwar der Meinung, dass man sich sexuelle Bedürfnisse für den Richtigen aufheben sollte, d. h. im Zweifelsfall für den Ehemann, waren aber andererseits so in ihrer Einstellung: „Was weiß man schon, wer und wann es der Richtige ist." Wenn man eine Entscheidung getroffen hatte, galt es auch, dabeizubleiben, selbst wenn es die falsche war. Es hieß dann: „So schnell wird die Flinte nicht ins Korn geworfen" oder „So schnell schießen die Preußen nicht."
Von meiner Mutter habe ich auch folgende Aussprüche in Erinnerung: „Kann kommen wer will, muss es nehmen wie es ist und ob einer Professor oder Direktor ist, wenn er menschlich nichts taugt, zählt er für mich nicht." Meine Mutter war, wenn sie zu Hause am Arbeiten war, unattraktiv in ihrer Arbeitskleidung und wurde durchaus für ihre eigene Putzfrau gehalten. War sie aber in Gesellschaft, erstrahlte sie als Dame in schönen Kleidern, aber ohne jede Schminke, sie gönnte sich dann den Friseur und etwas Duft. Sie sagte auch immer, wenn die Gesellschaft ihr intellektuell überlegen war, sie würde immer wieder freundlich und verständnisvoll nicken, es müsste ja nicht jeder mitbekommen, dass sie nicht so gebildet sei (Reden ist Silber, Schweigen ist Gold). Nach ihrem Tod haben aber alle von einer gebildeten Frau gesprochen.

Aus all dem Aufgezählten ergeben sich allerhand Widersprüche, so erscheint es mir jedenfalls beim Überfliegen. Ich versuche, daraus einmal die Konzepte meiner Familie zusammenzustellen:

- Ehrlich währt am längsten, manchmal muss man aber der Diplomatie den Vorrang geben.
- Rang und Namen sind Schall und Rauch.
- Nie päpstlicher als der Papst sein wollen.
- Morgen ist auch noch ein Tag.
- Was du heute kannst besorgen, verschiebe nicht auf morgen.
- Quäle nie ein Tier zum Scherz, denn es fühlt wie du den Schmerz.
- Einem geschenkten Gaul schaut man nicht ins Maul.

Am klügsten ist, wer das Ende bedenkt.

Positive Psychotherapie

Vergessen habe ich die Religiosität; meine Eltern waren gläubige Christen, aber keine Kirchgänger, denn von Gottes „Bodenpersonal" hielten sie nicht so viel. Sie haben uns Kindern das Beten beigebracht und immer wieder gesagt, dass man im Gebet viel Kraft und Trost bekommen könnte. Wenn die lieben Mitmenschen einen auch häufig enttäuschen könnten oder würden, aber auf Gott könne man sich verlassen. Man müsse ihm nur die Treue halten und sich nicht nur auf ihn besinnen, wenn man in Not sei. Jesus war nicht so wichtig für sie – es gab schließlich zu Jesus' Lebzeiten mehr Wanderprediger –, aber Gott war wichtig als das Sichere im Leben und wahrscheinlich auch im Tod. Ich denke, dass das auch von meinen Eltern verinnerlicht wurde, denn als sie im Sarg lagen, hatten sie ganz liebe und entspannte Gesichtszüge, und machten noch einen sehr lebendigen Eindruck.

Nachdem Sie nun diesen persönlichen Bericht über eine Familie und ihre Familienkonzepte gelesen haben, stellen Sie ihre Familienkonzepte zusammen und richten Ihr Augenmerk auf Ihre Aktualfähigkeiten. Notieren Sie Ihre Lebensgeschichte am besten schriftlich.

Dank

Danken möchte ich dem Pattloch Verlag für seine aktive Zusammenarbeit. Dankbar bin ich auch meinem Mitarbeiter, Herrn Diplompsychologen Hans Deidenbach, der mir das Manuskript mehrmals durchsah, für seine Hilfe, die er mir in unserer Zusammenarbeit war. Eine positive Anregung ist die Reaktion meiner Kollegen, speziell im Rahmen der Wiesbadener Akademie für Psychotherapie, durch die großzügige und verständnisvolle Zusammenarbeit. Meiner Sekretärin, Frau Monika Scheld, möchte ich für ihre sorgfältige Arbeit, Geduld und Zuverlässigkeit meinen Dank aussprechen. Speziellen Dank schulde ich meiner lieben Frau Manije, die durch ständige Beratung zu einer Vertiefung meiner Sicht beiträgt. Aber auch meinen beiden Söhnen Dr. med. habil. Hamid Peseschkian und Dr. med. Nawid Peseschkian mit ihren wohlwollenden kritischen Erwägungen gilt mein Dank.

Wiesbaden, im Sommer 2000

Prof. h.c. Dr. med. Nossrat Peseschkian

Literaturverzeichnis

Abúl-Bahá, Beantwortete Fragen, Hofheim 1998

Adler, A., Praxis und Theorie der Individualpsychologie, Frankfurt a. M., 1994

Bahá 'u'alláh, Ährenlese, Hofheim, 1998

Battegay, R., Psychoanalytische Neurosenlehre, Frankfurt a. M., 1994

Freud, A., Wege und Irrwege der Kinderentwicklung, Bern, Stuttgart, 1968

Horney, K., Selbstanalyse, München, 1974

Loew, Th., Wenn die Seele den Körper leiden lässt, Stuttgart, 1998

Peseschkian, N. und Boessmann, U., Angst und Depression im Alltag, Frankfurt a. M., [5]2003

Peseschkian, N., Auf der Suche nach Sinn, Frankfurt a. M., [12]2003

Peseschkian, N., Der Kaufmann und der Papagei, Frankfurt a. M., [27]2003

Peseschkian, N. und Deidenbach, H., Psychosomatik und Positive Psychotherapie, Frankfurt a. M., [26]1999

Peseschkian, N., Das Geheimnis des Samenkorns, Positive Stressbewältigung, Frankfurt a. M., [2]2002

Remschmidt, H., Adoleszenz, Entwicklung und Entwicklungskrisen, Stuttgart, München, 1992

Röthke, H., Positive Suchttherapie, in: Zeitschrift „Der Nervenarzt", Königstein/Ts., 1996

Verzeichnis der Geschichten und Gedichte